Karl; Heuser Kruger

Über die Stellung der Handschrift J in der Überlieferung der Geste des Loherains

Karl; Heuser Kruger

Über die Stellung der Handschrift J in der Überlieferung der Geste des Loherains

ISBN/EAN: 9783743626973

Hergestellt in Europa, USA, Kanada, Australien, Japan

Cover: Foto ©ninafisch / pixelio.de

Weitere Bücher finden Sie auf **www.hansebooks.com**

AUSGABEN UND ABHANDLUNGEN
AUS DEM GEBIETE DER
ROMANISCHEN PHILOLOGIE.
VERÖFFENTLICHT VON E. STENGEL.

LXII.

ÜBER DIE
STELLUNG DER HANDSCHRIFT J
IN DER
ÜBERLIEFERUNG DER GESTE DES LOHERAINS.

VON

KARL KRÜGER.

NEBST ZWEI ANHÄNGEN:
I. DIE CHANSON DES LOHERAINS EINE QUELLE DER CHEVALERIE OGIER.
II. TEXT DES LOTHRINGER BRUCHSTÜCKS Z[5].

VON

EMIL HEUSER.

Marburg.
N. G. Elwert'sche Verlags-Buchhandlung.
1886.

Herrn

Professor Dr. Edmund Stengel

.

in dankbarer Verehrung

gewidmet.

Der erste Versuch einer Classification der Handschriften der Geste de Loherains ging von Édélestand Du Méril[1]) aus, der eine Einteilung der ihm zugänglichen Hss.[2]) in vier Versionen vornahm. In O sah er die jüngste Version, eine zweite in S, einer Hs., »die gewiss weniger alt sei als die andern«; Hs. N erschien ihm als »ein anderes, gänzlich verschiedenes Gedicht«; und die übrigen Hss. fasste er unter der Version Jehan de Flagi's zusammen (er rechnete demnach zu derselben ausser E M P X noch A C D F G).

Das Alter der Hss. sowie der Charakter der Darstellung sind bei jener Gruppierung für Du Méril massgebend gewesen. Eine genauere Vergleichung der Lesarten der einzelnen Hss.[3]),

1) E. Du Méril: La mort de Garin le Loherain, S. LXVIII. ff.
2) Nach S. XCVIII. 1. c. waren ihm zugänglich ausser der seinem Texte zu Grunde gelegten Hs. D: A, C, E, F, G, K, M, P, O, S, X (Siegelbezeichnung nach Vietor: Die Handschriften der Geste des Loherains, S. 5 ff.).
3) Bei Besprechung der ersten Version (O) führt D. M. eine Lesart derselben auf, die ihm als Beleg für den jungen Ursprung dieser Version dienen soll, nämlich die Erwähnung des Königs Artus. Doch irrt D. M., wenn er meint, dass diese Variante O eigentümlich sei, die zweite Version (S), die dritte (N) und die Hss. CF seiner Version Jehan de Flagi's weisen ebenfalls den entsprechenden Vers auf (vgl. auch Gar. l. L. I. 238). Da nun auch andere Hss., welche dem Originaltext am nächsten stehn, nämlich BD (A ist für diese Partie abweichend) die Erwähnung des Königs Artus bieten, würde dieser Beleg gerade gegen D. M.'s Annahme eines jungen Ursprungs der Version O sprechen. D. M. S. LXVIII. Anm. 2 (= O 24b 27—29):
27 La soie grasse nos vaura mult petit
28 Com as Bretons qui desirent tous dis
29 Le roi Artu qui du siecle est partis.
Varianten BCFJMNOPSX (D fehlt für diese Partie): 27 = B 12e48 C 28a14 F 28a34 M 36a14 O 23d40 X 207a23 L. s. guerre J 36a18 duerai m. p. P 36a14 mais p. N 60c35 S 20b16. — 28 = F Comme D al Breton B Si com b. X attendent BCDS (tos d. O) C. cil Breton q. del siecle est partis N fehlt JMP. — 29 = BN qui est (qu'est X) d. s. CFSX qui d. s. parti O iseis S fehlt JMP.

durch die allein sichere Kriterien für die Classification gewonnen werden können, nahm er nicht vor. Wie wenig berechtigt denn auch die von ihm vorgenommene Einteilung ist, lehrt das Resultat der nachfolgenden Untersuchungen. 𝔄ℭ, die Du Méril mit 𝔇𝔉𝔊 und ℭ𝔐𝔓𝔛 seine Version Jehan de Flagi's bilden lässt, gehen danach vielmehr auf eine gemeinsame Quelle (α) zurück, während 𝔇𝔉𝔊 auf δ beruhen; für 𝔒𝔖𝔑, die bei D. M. je eine Version bilden sollen, hat Herr Prof. Vietor in seiner Promotionsschrift: »Die Handschriften der Geste des Loherains« eine gemeinsame Quelle (η) nachgewiesen, aus der auch ν, das Original der Facsimile-Hss. ℭ𝔐𝔓𝔛 geflossen ist.

Später ist im dritten Hefte der Romanischen Studien, S. 389, von Herrn Professor Stengel eine Classification auf Grund der den Versen 1—26 der Hs. 𝔒 entsprechenden Verse der Hss. 𝔄𝔅ℭℭ𝔉𝔐𝔑𝔓𝔒𝔑𝔖𝔗𝔅 begonnen worden. Als vorläufiges Resultat ergab sich ihm, »dass 𝔒 aus keiner der andern Hss. abgeschrieben, noch auch für eine derselben direkte oder indirekte Quelle war (für 𝔑 bleibt es unentschieden), wie überhaupt alle Hss. selbständig einander gegenüberstehen (für 𝔅 bleibt es unentschieden), dass 𝔒 zunächst ℭ𝔑 und 𝔄𝔅 stehen, und dass ℭ𝔓𝔐, 𝔄𝔖, 𝔑𝔗 gemeinsame Quellen haben.«

Das Ergebnis dieser Untersuchung ist dann sowohl durch Herrn Prof. Vietor in seiner oben erwähnten Schrift als auch durch Herrn F. Bonnardot in seinem »Essai de classement des manuscrits des Loherains«, Romania III. S. 195—262, ergänzt worden.

Bonnardot[1]) beschränkt sich jedoch in seinem Essai darauf, nur eine Einteilung der Hss. in je zwei Gruppen zweier Familien vorzunehmen, von denen I, 1: 𝔇𝔉𝔐ª𝔖𝔊𝔍𝔍𝔍ª𝔎𝔍ªy (nach B.) 𝔜; I, 2: 𝔓𝔐ℭ𝔛𝔏𝔥𝔍¹ (von B. als »Rédaction lorraine« bezeichnet, wegen des Dialektes, den diese Hss. aufweisen); II, 1: ℭ𝔄; II, 2: 𝔍𝔑 umfassen.

---

1) Vgl. Vietor l. c. S. 2.

Abgesehen von der Unvollständigkeit seiner Classification — er liess die nicht auf französischen Bibliotheken befindlichen Hss. bei Seite — musste als ein Mangel derselben erscheinen, dass er als Kriterien hauptsächlich nur äussere Verhältnisse, wie Sprache und Umfang der Hss. (Blätter- und Verszahl, event. Lücken) und die Textgestaltung im Grossen und Ganzen berücksichtigte, ferner weder das Verhältnis der beiden Familien, noch der Gruppen, noch, was durchaus nötig gewesen wäre, der den einzelnen Gruppen zugewiesenen Hss. unter einander berührte.

Die von Herrn Prof. Vietor, l. c., vorgenommene Classification beruht hingegen auf einer genauen Vergleichung einzelner Lesarten aller ihm zugänglichen Hss. und bildete daher die Grundlage für eine Reihe von weiteren Spezialuntersuchungen[1]), die seine auf Grund teilweise mangelhaften Materials erzielten Resultate für einzelne Hss. noch genauer präzisiert haben.

Auch die nachfolgende Untersuchung beruht auf der Vietorschen Arbeit und beleuchtet die Stellung der Hs. J in der Überlieferung der Geste des Loherains. Da mir eine vollständige Copie der Hs. vorliegt, so bin ich im Stande, das Verhältnis von J zu den andern Hss. genauer festzustellen als das von F. Bonnardot und Prof. Vietor, denen beiden nur spärliche Auszüge zur Verfügung standen, geschehen konnte, und auch eine ausführlichere Beschreibung zu geben, als die, welche Bonnardot, Romania III. S. 248, gab.

Über die Beurteilung, welche unserer Hs. durch F. Bonnardot und Prof. Vietor zu teil geworden ist, vergleiche unten § 2, 42 ff. und § 3, 65 ff.; über die weitere Beobachtung E. Heuser's in seiner Dissertation: »Über die Teile, in welche die Lothringer Geste sich zerlegen lässt« l., Marburg 1884, vgl. ebenso § 4, 88 ff.

---

1) Stengel in Z. f. r. Ph. II. 348 Anm. — Feist: Die Geste des Loherains in der Prosabearbeitung der Arsenal-Handschrift, Marb. 1884, Diss. — Marseille: Über die Handschriften-Gruppe EMPX der Geste des Loherains, Marburg 1884, Diss.

Ich entledige mich einer angenehmen Pflicht, indem ich meinem hochverehrten Lehrer, Herrn Prof. Stengel, für die Unterstützung, die er mir bei Abfassung nachstehender Arbeit hat zu teil werden lassen, tiefgefühlten Dank ausspreche.

§ 1.
Beschreibung der Handschrift 𝔍[1]).

1. Die Hs. bildet einen ziemlich starken Band in Quartformat und besteht aus Pergamentblättern. Auf dem vorderen inneren Einbanddeckel befindet sich ein gedrucktes Wappen (mit einem Winkel und in und neben demselben drei Türme), unter welchem geschrieben steht:

Dono Dedis Dnus De Corberon in suprema alsatiensi Curia senatus princeps 1764.
Ex libri Oratorii Dni Jesu Collegii Trecopisheam.

2. Auf dem Deckblatt r⁰ befindet sich der Titel:

Le Roman de Garin le Loherans.

3. Ebenda v⁰ ist in der 2. Hälfte des 18. Jahrh's. folgende Notiz über den angeblichen Verfasser des Romans eingetragen:

François Garin ou Guerin estoit un marchand de Lyon, dérangé dans ses affaires. il uiuoit en 1460. Il se dit peu uersé dans les lettres, mais l'experience et la reflexion luy dicterent les conseils qu'il donnoit a son fils encor en bas âge, pour se conduire dans le monde. Il estoit dans sa 47e année quand il se mit a tracer ce plan en 1460. ainsy il deuoit estre né uers 1413 il dit a la fin de son liure

mon nom i'ay écrit en ce liure
combien que peu le scauront lire
au dessus L est comprins
et au dessous a estre prins.

Or a la page 47e ou l'auteur marque le temps précis auquel il écriuoit, il dit

Lan mil quatre cent et soixante
fut par uoulenté impuissante
romancié ce present liure & cª.

Tiré de la Bibliothéque françoise de l'abbé Gouiet tome 9 page 318. —

---

1) Die Details nachfolgender Beschreibung verdanke ich Notizen des Herrn Prof. Stengel, der den grössten Teil der Copie von 𝔍 anfertigte während ein kleinerer von mir herrührt.

4. Darunter in blasserer Tinte:

La note ci ensus porte a faux. Lauteur de ce Roman est hugues Metellus chan . . . de S. Léon de Toul. Contemporain d'Abailard il vivait au XII siecle. V. sur lui et sur ses ouvrages, Dom Calmet, en ses préliminaires de la grande hist. de Lorraine et dans sa Biblioth. Lorraine art. Metellus. —

5. Auf Blatt 1ro ist unten links ein Wappen abgebildet (das in ein kleineres oberes gelbes und in ein grösseres unteres weisses Feld geteilt ist; auf dem ersteren befinden sich zwei rote Kreisflächen, auf dem letzteren drei senkrechte rote Bündel); neben demselben rechts befindet sich von moderner Hand der Vermerk:

Armoiries du seigneur Perrin Roucels a qui ce liure apartenoit comme on le trouue escrit a la fin du mesme liure . on uoit par sa genealogie quil uiuoit vers la fin du 14e siecle.

6. Auf Blatt 259a befindet sich das Explicit des Gedichts. 259b steht die oben erwähnte Genealogie, welche von einem Schreiber des 15. Jahrh. herrührt:

Cest liure est au signeur perrin Roucelz lescheuin filz de ss. nicolle Roucel Lainiey filz de ss. hanriat Roucelz amant et escheuin quil olt de damme rollatte sa femme fille ss. nicolle de heu chl'r.

7. Hieran schliesst sich von einer Hand des 17. oder 18. Jahrh. folgender Vermerk:

ce perrin Roucels escheuin de metz viuoit a peuprez vers la fin du 14e siecle [comme on le voit en la genealogie de sa maison que j'ay et qui m'a esté donée par le sr Theodore de Roucels sieur de Verneuille dernier masle de cetté maison] au quel temps ou peu auparauant ce roman peut auoir este transcrit mais il auoit esté composé longtemps auparauant et dez l'onsiesme siecle si on en en(!)croit le traité de lorigine des romans composé par mr huet et adresse a mr desegrais.

8. Blatt 259vo ist zum unvollständigen Entwurf einer Cedierungsurkunde verwandt worden, die in schlecht lesbarer Schrift des 15. Jahrh. lothringischen Dialekt aufweist; sie beginnt:

Conue choisse soit a tous que li signors abertin boillay ait coignut et coignait cair il doit et donerait ay signours Jehan Dowille l. m. lb'.

und schliesst:

coignut et coignait par ceste escrit' de . . . cor il na ferait jai droy ne raxon et . . .

9. Die Blätter 260–263 bestehen aus Papier. Auf denselben befindet sich von einer Hand des 17. oder 18. Jahrh. folgende interessante Notiz:

(260 r°) Extrait dun liure Manuscrit qui est dans la Citadelle de Metz dans les Archives du Roy contenant plusieurs Genealogies entre autre celle de la maison d'Aspremont composé par françois de harchies, jadis maistre d'hostel de Robert, et de Charles de Croy Duc d'Arschot, Prince de Cimay Comte de Beaulmont, et de Seneghem etc. escrit en lettres demi Gotiques a peu prez sur la fin du seiziesme siecle.

Entre les chartres, et anciens papiers de cette maison se trouue un liure en parchemin de fort longtemps escrit a la main en viel langage, et antique Rime françoise, tellement que sans quelque quantité observée plus tost sembleroit prose que vers, ou lauteur du nom duquel ny est faite mention, se determine a son commancement, et (260 v°) aussy le poursuit jusqu'a la fin d'escrire l'histoire merueilleuse des choses aduenues entre les Gaulois a l'occasion des guerres que ce dit auteur tient immortelles, et sans fin deuoir succeder pour perpetuel heritage des peres aux enfans tant que dureront les races des premiers entrepreneurs, commenceant dés Lorsque les hongres, et sarasins enuahirent la france au temps de charles Martel, et de horny (!) Duc de Metz qui fut enuiron (am Rande: L'an 726) l'an sept cens vingt six l'Empereur Leon 3e, et son fils pape Gregoire 2e et de Theodoric aussy deuxe sous la puissance, et authorité dudit Charles Martel regnant (am Rande: 741) en france, et depuis le trepas dudit charles martel enuiron L'an sept cens quarante et vn que Pepin le bref son fils qui depuis en l'an sept cent cinquante fut fait Roy gouuernoit, et regnoit sur les françois. Iceluy nostre auteur poursuit son histoire sous le dit Pepin a son commancement aidé, et enfin bien secouru dudit herny (!) le Lorrain. Empereur Constantin Cinquiesme, et (261 r°) pape zucharie, apres la mort duquel herny (!), et de la belle Aulix soeur du Duc Gandin (!) que autres nomment Agnés de hongrie accompagnée de Dom Thiebault d'Aspremont le potestif sr de dun pour sa vieillesse surnommé le flory cousin germain des dits Gandin (!), et Beguon sont appellez aux affaires de la guerre par le dit Pepin comme Les souuerains, et principaux de son exercite ou armée, et se treuue audit Liure que le chastel d'Aspremont assiegéz des ennemys dudit Lorrain Guarin fut par Girard son fils auec vn grand ost secouru, et dauantage Pepin deplorant la perte que anoient faite de vaillans cheualiers de son temps entre les meilleurs et complaint de la mort de Dom Thiebault d'Aspremont, et afin que cel ne semble estre dit a plaisir sans aucun fondement l'authoriser antiquité de ce vieil Langage françois extrait de mot a mot d'aucuns lieux du liure ou il est parlé de la personne de ce Thiebaut, et de ses seigneuries d'Aspremont, et de Dun, ensemble de la parenté de luy auec les Lorrains, et de leur consanguinité suffira bien de preuuer aux lisants que chose inuentée ne se peut ayder de si ancien Juste (261 v°) temoignage comme celuy que cy apres censuit Des enfants de herny (!) Duc de Metz, et de Madame Alix, ou Anesse de hongrie sa femme et de leurs enfants.

10. Unmittelbar hieran schliessen sich die hier am Schluss erwähnten Auszüge, fünf an der Zahl. Wenn sich auch der Copist, wie er versichert, bestrebt hat, seine Vorlage »mot a mot« wiederzugeben, so hatte er doch sehr geringes Verständnis von dem, was er copierte, wie aus einer grossen Anzahl ganz sinnloser Schreibfehler zur Genüge hervorgeht. Die in J entsprechen-

den Verse der beiden ersten Auszüge sind mit roter Tinte
von moderner Hand unterstrichen, wie auch bei beiden auf
die entsprechende Blattzahl in Hs. З hingewiesen ist. Dass diese
Auszüge, die wir mit З⁶ I, II, III, IV, V¹) bezeichnen wollen, nicht
etwa З oder einer andern der mir zugänglichen Hss. entnommen
sind, lehren die Varianten.

11. З⁶ I. 7⁰ feuillet. = Gar. l. L. I. 40—51.

   Grand ioye fut del lorrain herny (!)
   Je n'en diroye ne conteroys (!) cy
3 que d'Alies la gente et deux beaulx fils
   l'aisné ot nom lit (!) lhorrain (!) Guerin
   qui put (!) fut dus maintes peines soufrir (!)
6 L'autre eut nom Beguon qui tient bellin
   qui moult fut proz et cheualier gentil
   de haut paraige, et de moult riche bin (!)
9 et fut moult bien dou Riche Roy Pepin
   forment la maly (!) dut (!) bien lou seruy
   sept filles ot ly lhorrant (!) herny (!)
12 pros et courtoises de moult riche bin (!)

Varianten der zur Verfügung stehenden Hss. 𝔄𝔅𝔇𝔊𝔉𝔖𝔒𝔑𝔍𝔐𝔓
von З⁶ I.

1. = 𝔄 7e18 𝔊 6b2 𝔍 7b18 𝔐 8b16 Grans fu la joie 𝔅 3b11
𝔉 5d 𝔓 7b16; *für die ganze Stelle fehlt* 𝔇, *sind abweichend* 𝔖𝔒𝔑𝔗;
(*vgl. die folgende Synopsis der Tiradenfolge*). — 2. qu'en 𝔄𝔅𝔉𝔐𝔓
que 𝔍 diroi 𝔐 conteroie ne qu'en diroie 𝔊 conteroie 𝔄𝔅𝔍𝔐𝔓. —
3. Q'aelix 𝔓 d'Aalis 𝔅𝔉 d'Aeliz 𝔄𝔊𝔍𝔐 bele ot il 𝔊 gentil 𝔅
cortoise 𝔄 ot 𝔄𝔅𝔉𝔍𝔐𝔓 .11. fix 𝔄𝔅𝔊𝔉𝔍. — 4. li loherens 𝔄𝔅𝔊
𝔉𝔍𝔐𝔓. — 5. tante paine et tant anui 𝔊 puis 𝔄𝔅𝔊𝔍𝔐 mainte
peine 𝔅𝔉𝔍 soffri 𝔅𝔊𝔉𝔍𝔐 et ot assez amis 𝔄 *fehlt* 𝔓 (*vgl.* v. 8, 1).
— 6. Beges 𝔄𝔅𝔊𝔍𝔐𝔓 Buegue 𝔉 icil qui 𝔅 si 𝔐𝔓 tint 𝔅𝔊𝔉
𝔍𝔐𝔓 sire fu de 𝔄 quite b. 𝔍𝔐𝔓. — 7. = 𝔄𝔉𝔍𝔐𝔓 Si fu pro-
dom 𝔅 puis 𝔊. — 8. molt haut nom 𝔐𝔓 grant 𝔅 barnage 𝔅𝔉𝔍
meruillous 𝔊𝔐𝔍 pris 𝔄𝔅𝔊𝔉𝔍𝔓 lin 𝔐 *folgt*: Et ot fut dus mainte
poinne sofri 𝔓. — 9. = 𝔄𝔊𝔍𝔐𝔓 molt fu 𝔅𝔉. — 10. F. lama li dus
𝔊𝔉 *fehlt* 𝔄𝔅𝔍𝔐𝔓. — 11. *mit* 12. *umgestellt* 𝔐. — 11. F. ot VII 𝔉
loherens Heruis 𝔄𝔅𝔊𝔉𝔍𝔐𝔓. — 12. pex 𝔐 et 𝔄𝔅𝔊𝔍𝔐𝔓 mervelos
𝔅𝔊𝔐𝔓 pris 𝔅𝔊𝔍𝔐𝔓 saies et ientiz 𝔄 *fehlt* 𝔉. — 13. al mieus 𝔄𝔅𝔊

---

1) Über З, З¹, З³, З⁶ vgl. Vietor S. 13; über З⁴: Z. f. r. Ph. IV, 575
(Bartsch), V, 88 (Stengel); über З⁵: E. Heuser: »Über die Theile, in
welche die Lothringer Geste sich zerlegen lässt«, Diss., Marb. 1884, S. 7
Anm. 1. — Die Copie eines weiteren Fragmentes З⁷ ist, wie mir Herr
Dr. E. Heuser mitteilt, im Besitze des Herrn Prof. Paul Meyer; dasselbe
befindet sich in den Archives du Doubs, serie B, und stammt aus Fonds
du bailliage de Beaume; es besteht aus 3 Blättern oder 18 Columnen
und enthält etwa 8—900 Verse, beginnend III. 153 v. 8253.

marria les annes (!) de son pays
L'aisnée en ot d'orlenois harnais.
15 Icelle ot non la belle hellouixs (262ro)
et tiens (!) pannert (!) et la Torfis (!)
et vn sien fils ot nom dus hernais
18 Ly proz ly saigs (!) ly cortois ly hardy
il ot un frere qui a le cres (!) fut mis
heudes ot nom qui fut prox, et gentil   hardy¹)
21 de l'autre fille qui fut du duc herny (!)
et de celle yssie (!) cy (!) bourgeois (!) aubery
de la quarte Gerard yssit qui liege tient
24 de la cinquieme huë de Cambresis
Gauthier ses freres et Cil hainault tint
de la sixieme Jeoffroy cy angenine (!)
27 Cuens fu Daniou si comme La chanson dit
de la septieme huë des mans yssit
Garnier Ly proz et cil qui drues tint.

12. 3ᵉ II. feuillet. 37 verso = Gar. l. L. I. 247.
Viennent a dun un peu deuant midy
La herbergent, et ont leurs hostels prins
3 Le Duc deffend que ne suy (!) ny forfist

FIMP. — 14. mit 15. umgestellt F. — 14. = ABGIMP Iceli ot F. — 15. = ABMP Et cele GI Lainee ot F. — 16. Il B Qui AMP tint Peuiers ABGFIMP et ABFIMP ou G la riche tor ABGF MP fist ABFIMP sist G. — 17. Ses fix ABFI si BI Et ses fils G ot a nom BIG li bons d. AGF Icil ot nom li frans MP. — 18. mit 19. umgestellt P. — 18. sages li chevaliers gentiz AGFIMP fehlt B. — 19. Si AFGIMP qui fu a A as I letres ABFIMP molt fu de haut pris G. — 20. .1. buens clers seignoris G molt IMP molt fu ABF de riche pris A hardis BFIM folgt: Evesques fu d'Oriens et del (de MP) pais ABGFIMP. — 21. si f. G au AF li G Herui ABFI MP basins G. — 22. De cele issi (fu MP) li borgegnons (borgoinz F) ABFIMP Si an issi li frans dus G Aubris ABFIMP folgt: Et de la tierce li alemans Ouris ABGFIMP. — 23. Et d. ABGFIMP hues de cambresiz A Jerars qui BGFIMP tint BGFIMP. — 24. = FIP Et de la quinte M fehlt ABG. — 25. icil ABFIMP cil G qui ABFIMP meintint G folgt: Et de la quinte Gautiers li orfelins A. — 26. Et de la ABG quinte B siste AG sime I li Angevins ABGFI MP. — 27. et de tot le pais A com BFIMP fehlt G. — 28. Et de la siste B setime AIM do ABG de I del FMI. — 29. Gautiers B Garins AMP icil ABGFIMP brames MP.

Varianten A 39b10 B 13b57 (abweichend) D 25a35 F 29b27 G 21b18 O 25c18 R 61a22 T 208a36 I 37c24 M 37c20 von 3ᵉ II.
1. = FRTIM Vinrent G A AD grant pre A aspremont D uienent AD tot droit a A ainz O ainz le O. — 2. La se h. FSOR TIM si GORT h. fu pr. D lor estes (!) p. T fehlt A. — 3. quens DT commande GOR nus ADFGRTIM on O c'on R rien ni prist

---

¹) Moderne Randglosse, die wohl zur Erklärung von prox dienen soll.

que la terre est un sien germain cousin (262*vo*)
Thiebault a nom qu'Aspremont doit tenir
6 au manement (!) sont uers grand prey gauchy (!).

13. 𝔊⁶ III. = Paris, Gar. l. Loh. II. 162.

Nostre Empereur fait lestendart venir
et tel fait bien de cheualiers garnir
3 et des sergens proux le faire soutenir
sen yst de Mondaissois Thierry
Gerard de Liege et lalmans olry
6 Regnal de Tol de Bair le Duc henry
de s^t michiel Coms huē le flory
et d'Aspremont Thiebaut le Postif
9 apres sen yssit cy l'horrain (!) Guarin

14. 𝔊⁶ IV. = Duméril, Mort d. Gar. l. Loh. 193.

En lorraine l'enfant Gerard en vint (263*ro*)
Fromendirs (!) trouue quelt d'Aspremont yssir
3 de s^t Michiel auoient lo hours la prins
et la nouuelle au Duc Gerard en vint

𝔇𝔊𝔒𝔐 fourfesist 𝔗. — 4. = 𝔄𝔉𝔒𝔍𝔐 Car 𝔊𝔑𝔗 est *fehlt* 𝔇. — 5. ot 𝔇𝔒𝔑𝔗𝔍𝔐 qu' *fehlt* 𝔉𝔊𝔒𝔗 d' 𝔑 la terre 𝔒𝔍𝔐 dut 𝔇𝔒 *fehlt* 𝔄. — 6. À 𝔄 Le 𝔍 lendemain 𝔄 matinet 𝔇𝔉𝔊𝔒𝔑𝔗𝔍𝔐 envers 𝔑𝔗 de 𝔄 a 𝔇𝔍𝔐 parti 𝔄 guenchi 𝔇𝔉𝔊𝔒𝔑𝔗𝔍𝔐.

Varianten 𝔄𝔅𝔇𝔊𝔒𝔑𝔗𝔍𝔐 von 𝔊⁶ III.

1. = 𝔄 76c16 𝔅 23f40 𝔇 49c4 𝔊 46d27 𝔊 48b16 𝔒 51c4 𝔑 73e20 𝔗 229a30 𝔍 68a27 commensa et si dist 𝔐 67d29 *folgt*: Qu'on feist son estandart venir 𝔐. — 2. Si le 𝔄𝔅𝔇𝔒𝔑𝔍𝔐 Si se 𝔇 Molt bien la fait 𝔊 b. conraer 𝔇 emplir 𝔒𝔍𝔐. — 3. de 𝔄𝔅𝔇𝔊𝔑𝔍𝔐 por le fais 𝔄 𝔅𝔇𝔊𝔒𝔑𝔗𝔍𝔐 *folgt*: Deuers pepin uos redirai qui uint 𝔅 Sil ont mestier la poront reuenir 𝔊. — 4. Premiers (Rigaus 𝔊) s'en i. 𝔄𝔅𝔇𝔊𝔊𝔒 𝔗𝔍𝔐 Premiers cheuuuche 𝔑 des 𝔊𝔒𝔐 del 𝔑. — 5. = 𝔄𝔅𝔇𝔊𝔒𝔑𝔗 𝔍𝔐 1. li a. 𝔇. — 6. = 𝔇 47a Renaut 𝔇𝔒𝔑𝔗𝔍𝔐 Et aueuk lui 𝔊 dol 𝔄 tun 𝔊 quenz 𝔄𝔐 *fehlt* 𝔅. — 7. s. uiel 𝔅 quens 𝔄𝔅𝔇𝔊𝔒𝔑𝔗 𝔍𝔐 *folgt*: Apres sen ist hues qui troies tint 𝔐. — 8. mit 9. umgestellt 𝔐. — 8. posteis 𝔄𝔅𝔇𝔗𝔍𝔐 poestis 𝔇 esforcis 𝔑 *fehlt* 𝔊𝔒. — 9. Et en apres 𝔐 cheuauche 𝔑 en 𝔍 ist 𝔄𝔅𝔇𝔊𝔒𝔗𝔍 li loherens 𝔄𝔅𝔇𝔊𝔒 𝔑𝔗𝔐.

Varianten 𝔄𝔅𝔇𝔊𝔇𝔉𝔊𝔒𝔍𝔐𝔊 von 𝔊⁶ IV, 𝔑 abweichend.

1. En L. li 𝔄 138a7 𝔅 42e45 𝔇 90c27 𝔊 124a19 𝔇 104b2 𝔉 95d19 𝔊 78b27 𝔒 97c35 𝔗 268a1 𝔍 121a20 vint hernaus et Gerin 𝔐 122a24 𝔊 210a24 dus 𝔄𝔅𝔇𝔊𝔇𝔉𝔊𝔗𝔍 quens 𝔒 Ger. 𝔄𝔅 Girberz 𝔇𝔊𝔇𝔉𝔊𝔗𝔍 s'an 𝔉 revint 𝔒. — 2. Fromondin 𝔄𝔅𝔇𝔊𝔇𝔉𝔊𝔒𝔗𝔍𝔐𝔊 trueuent 𝔐𝔊 t. Aspremont 𝔄𝔅𝔇𝔊𝔇𝔊𝔗𝔍𝔐𝔊 c'A. 𝔉 cot A. assis 𝔒 ot (ont 𝔍) assis 𝔄𝔅𝔇𝔊𝔇𝔉𝔊𝔗𝔍𝔐𝔊. — 3. Mier 𝔇 miel 𝔗 mihier 𝔊 ont il ia 𝔊 le port p. 𝔅 le borc p. 𝔄𝔇𝔊𝔇𝔉𝔊𝔒𝔗𝔐𝔊. — 4. en vint al fil (duo 𝔐𝔊) Ga.

10

  que Fromendirs (!) auoit le siege mis
6 et aspremont le chastel seiguenoy (!)
  Gerard au pré (!) menraige vif
  vers le chastel faire ses grands osts bannir
9 si il les trouue morts, et desconfits
  neant fromendirs (!) a la parole oyt
  que sort (!) luy vint Gerard le fils Guarin
12 fromendirs (!) lot pas ne Luy enbellit
  L'amitié de Trainue treussent asnes, et roussins
  entre la prime, et tierce en mes ris
15 Jusques a verdun ne prirent oncques fin
  et Lendemain sy comme Lay appris
  a une heure Gerard d'Aspremont vint
18 trouue y cuide l'orgueilleux froimondin
  luy, et son oncle Guillons de monclin
  mais en passant leur onte contes et dit
21 allez sans soin comme le iour est eclaircy.

BMG Girbert *ABCDFGOIJ.* — 5. fromondins *ABCDFGOIMG* son *ABFIM fehlt J.* — 6. A *ABCDFGOIMG* segnori *ABCDFGOIMG fehlt J.* — 7. Gerb. *ABCDFGOIJM* lentent (loi *MG*) a poi *ABC DFGOIJMG* nes *BCOIM* nen *ACDFJG.* — 8. fet *DFGO* fist *I* a *ABCGJMG* fait sa gent *ABCJMG* faite sost *G* vertir *BCJMG* uenir *AI* ganchir *FGO.* — 9. Sil les i *ABCGFGOIJMG* mort sont *ABCGFGOIJMG* escarni *ABCGFGOIJMG.* — 10. Mais *ABCGD FGOIJMG* fromondins *ABCGFGOIJMG* nouele *BCGOI* noue... *A* nouele *F* la nouele *GCJMG* n. en oi *I folgt:* Et (Tant *I*) le (Le *F*) couine *(folgt a FI)* encerchie (empeskie *G* antendu *MG*) et apris (enquis *BCGC* quis *I*) *ABCGDFGOIMG.* — 11. sor *ABCGFGOIJMG* vient *ABCGDFGOIJMG* viengnent et Gir. et Gerin *D* Girbers *ABCD FGOIJMG* et hernaudins *G.* — 12. Fromondins *ABCGDFGOIJMG* oit *ACJMG* a poi nesrage vis *B* li *ACDFGOIJMG* abeli *CDGOI JMG.* — 13. La nuit destrauent *ABCGDFGOIJMG* carcent *AB* palefroiz *DO* trossent *FJM* tourcent *GIG* muls *ABCDFGIJMG.* — 14. *nach* 16 *ABCDFGOJMG.* — 14. En droit *D* tierce *ABCGDFGMG* prime *ABCGDFGMG* ce mest vis *ABCGDFGOJMG fehlt I.* — 15. Jusc'a *ABCGDFJMG* Dusqu'a *CGOI* prist il *G.* — 16. Al aiorner *BCJ* Al eniornee *AG* Ala iornee *GCOIM* Al aniorner *D* Alainz iornee *F* quant *ABFGOIMG* com *CGDJ* il dut esclarcir *ABCGDFGODJMG* il fu esclarci *I.* — 17. liue *ABCGDGOIJMG* d'A. Girb. *DOI* Girbers *ABCGDFGOIMG* d' *fehlt G.* — 18. Trouuer *ABCGDFGOIJMG* fromondin *ABCGDFGOIJMG.* — 19. L. et Guill. *ABCGIJMG* le segnor *AB* lorgueillox *CGJMG* s. o. Guillaume *DFGO folgt:* Car a bataille ne pooit (peussent *G* peust *O*) il faillir *FGO.* — 20. M. de lui ont trop tost nouele oi *I* M. paisant li (len *FGO*) ont *ABCGDFGOIJMG* nouele *ABCGDGOJ* noueles *FMG.* — 21. Ale *BCGDFIJ* K'ale *G* Qu'ales *DM* sen sont (est *DMG*) *BCGDFGOIJMG* en ert *A* com *BCDJ* cant *AIMG* desqu' *DFGO* il *ABCGDFGGIJMG* i *D* fu *ACDGIJMG* dut *GD* enseri *ABCDM* anuitir *G* esclarcir *D* anuiti *FGIJ* anuit *O.*

15. 3^e V. = Mone 270.

Or ne perdu fromendius Le posteif (263 vo)
et dans Guillons le s^re de Monclin
3 dans frodus (!) le traiter faulley
huons de Troyes, et son frere Gondry
et dam Guannier des tours de valentin
6 et dam Bernard le comte de mancil
et dam Thiebault d'aspremont le flory
si te repers et Gerard, et Genin
9 soubs ciel ne scay que puisse deuenir

Varianten 𝔄𝔅𝔇𝔖𝔒𝔑𝔇•𝔍𝔐 von 3^e V.
1. Or a 𝔄 200b9 𝔅 65c4 𝔇 139d5 𝔖 125d9 𝔒 156b15 𝔑 114d34 𝔇• 166b26 𝔍 197a22 𝔐 197b18 fromont 𝔄𝔅𝔇𝔖𝔒𝔑𝔇•𝔍𝔐 uiel flori 𝔄𝔅𝔇𝔖𝔒𝔑𝔇•𝔍. — 2. Et sai perdu .G. de 𝔑 dant 𝔄𝔅𝔇𝔖𝔒𝔇•𝔍𝔐 Guill. 𝔄𝔅𝔒𝔒𝔇•𝔍 guille lorgillous 𝔖 le conte 𝔄𝔅𝔒𝔒𝔇•𝔍 signor 𝔐. — 3. Et aaliaume et son frere Gondri 𝔒 Et auoc lui lou suen chier fil Garin 𝔇• fehlt 𝔄𝔅𝔇𝔖𝔑𝔍𝔐. — 4, 5, 6 umgestellt 6, 4, 5 𝔍. — 4. Hue 𝔇 troie 𝔇 le preu et le hardi 𝔒 Gaudin 𝔄𝔅𝔒𝔑. — 5. dant 𝔄𝔅𝔇𝔖𝔒𝔑𝔇•𝔍𝔐 Renier 𝔄𝔅𝔇𝔖𝔑𝔒𝔇•𝔍 garnier 𝔐. — 6. mit 7. umgestellt 𝔄𝔖. — 6. dant 𝔄𝔅𝔇𝔖𝔒𝔑𝔇•𝔍𝔐 Bern. 𝔅𝔍𝔐 naisi 𝔅 Naisil 𝔄𝔇𝔖𝔒𝔑𝔇•𝔍𝔐. — 7. dant 𝔄𝔇𝔖𝔒𝔑𝔇•𝔍𝔐 fehlt 𝔅. — 8. Je 𝔅 Se 𝔄𝔇𝔖𝔒𝔑𝔇•𝔍𝔐 or 𝔅𝔇 ie 𝔄𝔖 𝔒𝔑𝔇•𝔍𝔐 repert 𝔅𝔒𝔒𝔇•𝔍𝔐 or (y 𝔖) pert 𝔄𝔖 Gerb. 𝔅𝔖 Ger. 𝔄𝔇• Gir. 𝔒𝔍𝔐 .G. 𝔒 .h. 𝔑 Gerin 𝔅𝔖𝔒 .Ge. 𝔄𝔒𝔑𝔇•𝔍𝔐. — 9. Je ne sai mes qui me doie 𝔑 Ne sai (Na 𝔖) sos ciel 𝔄𝔅𝔇𝔖𝔒𝔇• S. c. ne su 𝔍𝔐 qui me 𝔍 home a cui 𝔖 ou 𝔒𝔇• jou 𝔒 puissons 𝔇 fuir 𝔖 uertir 𝔒 mes foir 𝔇• seruir 𝔑𝔍.

16. Die Varianten des dritten und vierten Fragmentes zeigen, dass dasselbe am nächsten zu 𝔇 steht; vgl. besonders III. 6, IV 14 ff., 19 u. 21. Da nach Aussage des Copisten sämmtliche Auszüge einer einzigen Hs. (»un liure«) entnommen sind, so dürfen wir jene Annahme auf die übrigen drei Fragmente ausdehnen, zu denen Varianten von 𝔇 nicht gegeben werden können, da die entsprechenden Partieen von 𝔇 nicht erhalten sind. Vgl. noch 3^e I. v. 10, der nur von 𝔊𝔉, zwei Hss., die, wie Vietor nachgewiesen hat[1]), 𝔇 am nächsten stehn, geboten wird.

17. Unmittelbar an jene Auszüge schliesst sich folgende Betrachtung, welcher noch 3 leere Papierblätter folgen:

attend doncques ce que dessus est dit souuerainement note le temps dadoncques ou les hommes comme l'on peut voir aux escripts de telle rage vsoient de termes propres souuent si entre gens de toute qualité et en toutes leurs deuises signamment et par plus grande attente.

---

1) Vgl. Vietor l. c. S. 23 u. 24.

18. Der Text von J umfasst 259 Blätter. Unten links ist die Hs. später mit einer Lagenzählung versehen worden, die jedoch weder mit den wirklichen Lagen übereinstimmt, noch mit 8 multipliziert die genaue Blattzahl der Hs. ergiebt.

19. Auf Blatt 120 steht noch regelrecht der Vermerk XV., dann aber folgt eine Halblage von 4 Blättern, die Lagenzählung nimmt darauf keine Rücksicht und fällt daher nunmehr in die Mitte der Lagen bis Bl. 177 (verzählt statt 176, wegen Auslassung der Zahl 144), wo der Vermerk XXII. steht; der nächste Vermerk, XXIII., steht 9 Blätter später auf Bl. 186, der nächste, XXIIII., auf Bl. 194, der nächste, XXV., auf Bl. 204 (also 10 Blätter später), XXVI. auf Bl. 213 (also 9 Blätter später), XXVII. auf Bl. 220 (also 7 Blätter später), XXVIII. auf Bl. 228, XXVIII. (statt XXIX.) auf Bl. 237 (also 9 Blätter später), XXX. auf Bl. 245, XXXI. auf Bl. 253.

20. In der That hat die Hs. 33 Lagen, von denen eine aus 2 Doppelblättern und eine andere (die letzte) aus 3 solchen besteht, d. h. die Hs. enthält, da eine Lage aus 4 Doppelblättern besteht, 129 Doppelblätter oder 258 Blätter; da jedoch bei der Blattzählung die Zahl 144 ausgelassen worden, so erhalten wir 259 als letzte Blattzahl.

21. Die Seite eines Blattes ist in 2 Spalten geteilt, von denen eine jede 30 Verse umfasst (in einigen Fällen nur 29). Die Tiraden-Initialen sind abwechselnd blau und rot.

22. Bl. 57, also mit Lage 8, setzt eine zweite Hand ein, die deutlich besonders durch verschiedenes *et*-Zeichen zu erkennen ist, erste Hand: 7, zweite Hand: ⁊ (als Initial auch von der ersten Hand verwandt). Auch orthographisch scheidet sich die zweite von der ersten Hand durch sparsamere Verwendung von *z*. Bei einer näheren Prüfung werden wir unterscheidende Merkmale finden, die jene Thatsache ausser Zweifel stellen. Zur Veranschaulichung des Unterschiedes möge folgende Gegenüberstellung dienen:

Vokalismus.

A. Vokale in betonter Silbe:

23. *Lat.* a *in* -aticum: I.¹) damaige 15d16, 34a17; II. damages 69d24; I. lignaige 85b9, 43b5, 45c20; II. linages 71b16; I. mariaige 45d18; II. mariage 68a7; *ferner*: I. cornige 31a24, gnige 48b22 *etc.*; II. uasselage 62a27. — *Ausnahmen*: I. aage 33a18, lignage 43b7, gage 48c15.

24. *Lat.* o *in* -orem, orem+s, ores: I. serour 22b5 *und* serors 54c8; II. seror 59a13; *ferner*: I. dolour 7a9, ardeour 24a6, torrour 24a8, paour 56a3, *neben* millor 55a14, meillors 56d26; II. seignor 57a12, 61c7, 27, honors 58b21, 60b1, traitor 58d24, changeor 60d19, uanassor 60d23 *etc.*

25. *Lat.* ŏ *in* apud hoc: I. auec 2b30, 2d29, 4a18, 7b13, 8c25, 9a27, 56b20 *etc.*; II. auoc 60a8, b7 *etc.*

26. *Lat.* e + *Nasal in* scientem: I. esiant, essiant, esciant 12b26, 23a12, 38c12, 16d19, 38b29, 47d5 *etc.*; II. escient 57b21, 58a26, 61a19, 63c27 *etc.*, *neben* esciant 147d23 *etc.*

B. Vokale in unbetonter Silbe:

27. I. *nom. propr.* neisil 52a9, 13, 19, c10, d8, 53b4, 10, 21, c5 *etc.*; II. neisil 64a30, 65, c3, 66d2 *etc. und* noisil 59d27, 60a28, c12 *etc.*

28. *Lat.* a + *Nasal in* manducare *etc*: I. mengier 8, b21, 9b7, c17, 16c25, 20c1, 23a7 *etc.*; II. maingier 63d20, 70d11, meingier 57a21, 58a18, 70d2,6; I. mengiers 21a9; II. meingiers 65c15 *etc.*; I. mangie 21a1, mengie 3c3, 12c15, 13d19, 48d5; II. maingie 67c9; I. menia 21a27, 52c4, meniast 10d21, mengeroie 42b9 *etc.* — *Ferner*: I. garantir 52d23, 1d7, 2d27 *etc.*; II. garentir 58b28, 62a11, 67d25, 69c17, garenti 62d22 *etc.*

Besonders reichhaltig ist die Anzahl der unterscheidenden Merkmale in Bezug auf den Consonantismus.

Im Anlaut:

29. I. ca 54a4, 55b24; II. sa 58d23, *neben* ca 61c28; I. ceans 34b25, ceanz 42d12 *etc.*; II. saiens 58b11 *etc.*

30. *Ferner*: I. quens (*einmal* 53a22 quenz) 7c15, d28, 9a13, 10c13, 12b17, c13, 13a22, 14c2, d19 *etc.*; II. cuens 57b11, 15, 58d3, 60a3, 61a8, 14, 24, 30, d20 *etc.*

Im Inlaut:

31. I. arcons 24d4; II. arson 57d12, arsons 57c10; I. commence 3a24, commencent 3a2; II. commensons 63d29; I. françois 2b30, 3b26, 3c8, 4b9, 12 *etc.*; II. fransois 64b14, 20, d21, 69b30 *etc.*; I. garçon 54a11; II. garson 57d11, 60a16, d11, garsons 58b12, 60a13, 63a2; I. peliçon 40c27, 47d15, 50a1, peliçons 16b2, 54a17; II. pelison 70d29; I. tençon 4b11; II. tensons 72a4; *ferner*: I. chançon 1a1, chançons 2a11, 17c7, 18b30, 23a19, 54c17, friçon 4b10, maçons 53a3, penoncel 20b6, penonciax 30d5 *etc.*; II. fason 58a9 *etc.*

---

1) I. bezeichnet die erste, II. die zweite Hand.

Im Auslaut.

1. Dentale.

a) bei voraufgehendem Vokal:

32. *Subst.* I. pitiez 55b9, II. uerites 58b19; I. mez *nom. propr.* 44a9, 45d10,20, 48b4, 50d13,26, 53d13,24 *etc.* — *Ausnahme*: mes 7b11,d11, 10c1, 17c15, — II. mes 59d13 *etc.*; 1. espiez 56c28, II. espies 60b13; I. escuz 52c29, 55d12, 56c15 *etc.*, II. escus 62a16, 63b17 *etc.; in ähnlicher Weise*: I. clez 53b13 — *Ausnahme*: nes 4c9 — II. nes 61a1, 63c16,22 *etc.*,; I. oz 3b14, 4a26, b29, 8c22, 53c11 *etc.* — *Ausnahme*: os 45c7 — II. os 57d25, 60d22,24, 62b1 *etc.*, *neben* oz 60d27; I. braz 22a23, 39a18, b27,c4, 56c5 *etc.* — *neben* bras 5c9, 16b22, 17d1, 39a23 — II. bras 57a27,29, 61b1, d3, 63c29, *etc.* — *Dagegen* I. haubers 3c10, 4c1, 55b18, 56c26 *etc.*, II. hauberz 58a21, 59a28, 62a11, 64a2, 68a24 *etc.*, *neben* haubers 64a3 *etc.*

33. *Adv. und Praep.* I. assez 53d10, 55a2 *etc.*, II. asses 62c1 *etc.*; I. aprez 3a9, 4a1, 9c17, 10a19, 12d18, 13b26, 15b18,29, 20a14, 36a9, 55c27 *etc.*, II. apres 57c18, 58b1, 61d12, 63a1 *etc.*

34. *Verb. 2. pers. pl.* I. auez 52a8, b8, 53a27, 54d19, II. aues 58b30, d13,27, 59a21, 60b2; I. ueez 54b21, II. uees 58d22, 60a25; I. ueissiez 52d2, 56a14, c15, 25d4, uoissiez 52b23, II. ueissies 57d16,26, 60d23, 61b11, 14, d28; I. forez 53b3,5, II. feres 58d19; I. uenez 54a4,27, 52c27, II. uenes 58c13,31; I. prenez 52b23, 54b21, 55a11, II. prenes 61c21; I. oyrez 52a26, II. oures 60a20; *ferner*: I. saciez 55c18, refremez 53c5, proiez 53c3, mariez 53c16, mandez 53d23, 55a5, uoiez 56c23, puissiez 52b7, 53c27, 56b10, tenez 54a22,28, b12,24, traiez 52a23, aiderez 52b23, aurez 53c4, perderez 52b20 *etc.*, II. consillies 58b5, contes 58d30, demores 57b30, enmenes 57a7, enuoies 58b26, gardes 61c7, uerres 59c21, deussies 60b4, deues 58b27, 58d20, 59d18, eussies 59c11, moues 57c14, poes 58d7, 60a6, ires 59a5, porres 59c25, metes 59a7, secorres 59c20 *etc.*

35. *Part. prt.* I. lez 13d2, II. les 58c8, 59c13; I. montez 52a18, II. montes 60b20; I. correciez 52c2,7, 54d27, II. correcies 58a27; I. ainnez 54a8, II. annes 58d6; *ferner*: I. conreez 53b14, herbergiez 56b9, iriez 52a1, molliez 56a28, endossez 55b18 *etc.*, II. ales 59c4, armes 61d11, detrenchies 61d24, fermes 57b8, chargies 57a14, sachies 58a19, menes 59d21 *etc.*

b) bei voraufgehendem Nasal:

36. *Subst.* I. denz 18b3, 44d4, II. dens 60c17, 62d24, 63b3; I. parenz 52a6 *etc.* — *Ausnahme*: parens 10b5 — II. parens 63d10, 69d9; I. serianz 56c27, II. serians 61c6, 63c12, 64c13, 69a27 *etc.*; *ferner*: II. gens 57a6, c13,14, 60b10; *in ähnlicher Weise*: I. challanz 56d2, II. chalans 61a1; I. danz 54a29, II. dans 60c12, 63d24 *etc.*

37. *Adj.* I. granz 55a29, 56a13, d1 *etc.* — *Ausnahme*: grans 55b9 — II. grans 57c28, 59d19, 60b10, d16, 57a8, d25 *etc.*; *in ähnlicher Weise*: I. blanz 55b18, II. blans 58a21, 64a2,3; I. franz 55b18, 56b13, II. frans 61c9 *etc.*

38. *Adv. und Praep.* I. ainz 4a2,21, 6c28, 7a12, 11b26, 52b25,30, c13, 53a29, 56d22 *etc.* — *Ausnahmen*: ains 11b27, 53a26 — II. ains 57b12, c29, 58a20, 59b8, d6, 25, 60b19,25 *etc.* — *neben* : ainz 59b10, 60a18 —;

I. enz 54a16, 52c1,24, d28, II. ens 57d23, 58a20, 60b6; I. ceanz 34b25, II. saiens 58b11; I. dedenz 52a22, b4, d29, 53a30, d5, 55a20, 56d9, II. dedens 58b15, d23, 59d3, 60c29, d10, 61a12,17; I. laienz 51b26, II. laians 65a8 etc.

2. Gutturale:

39. I. *stets* biatris *nom. propr.*, II. *gewöhnlich* biatrix, *einige Male*: biatris 59b20, 61b19 etc.

3. Labiale: *vacat.*

4. Liquide:

40. I. loig 10a10, 32d27, 55b16, soig 2a21, c2,7, 4c14, 18c13, 56a13, besoig 7d9,18, 8c1, 52b10, poig 18b23, 25c4, 32a2,7, 52b11 etc., II. loïg 58b20, besoïg 58d20, 65b10, poïg 57c7, d10, 59c19, 61b20, 63b3 etc., poing 57d20 etc.

41. Auch in den Abbreviaturen macht sich ein Unterschied bemerklich; so gebraucht I. für die 3. pl. prs. i. des verb. subst. gewöhnlich die Abbreviatur *st'*, für das nom. propr. ‚Begues', ‚Begon' *be.*, *dus* wird ausgeschrieben, ebenso *por*, sowohl alleinstehend als auch in Zusammensetzungen; II. schreibt gewöhnlich *sont* oder *sunt*, verwendet für ‚Begues', ‚Begon' *.b.*, nur einige Male *.be.*, für *dus* die Kürzung d^9 und ebenso für *por*: p^-.

Die angeführten Beispiele werden genügen, um die Thatsache, dass f⁰ 57a1 eine zweite Hand einsetzt, festzustellen. —

§ 2.

42. F. Bonnardot, der die Hs. 𝔍 selbst nicht eingesehen hatte[1]), lässt derselben daher in seinem erwähnten Essai nur eine ziemlich kurze und unbestimmt gehaltene Beurteilung zu teil werden.

Zuerst äussert er sich über 𝔍 bei Besprechung des Fragmentes 𝔅, S. 203, indem er das Verhältnis desselben zu andern Hss. folgendermassen beurteilt: »Ce ms. est picard par la langue, par la leçon il appartient au même groupe que 3 (𝔇𝔇ⁿ) — 4 (𝔉) et Montpellier.« (𝔍)

---

1) Vgl. **Romania** III. S. 248 Anmkg. 1.

43. Man vermisst, sowohl hier als auch später bei der Besprechung von J selbst (S. 249), einen eingehenden Beweis für die Behauptung, dass diese Hs. zu derselben Gruppe wie D*F gehören soll. Wenn auch die Lesart von J sich sehr derjenigen von D* nähert, so hätten doch häufige Berührungspunkte von D*J oder J allein mit EMPX B. veranlassen müssen D*J mit den Facsimile-Hss. einer Gruppe einzuverleiben, anstatt sie mit FSG und den meisten Fragmenten in nähere Verbindung zu bringen. Im Folgenden geben wir Belege, wo eine gemeinsame Lesart von J (oder D*J) mit EMPX der von F (oder FS) gegenübersteht. (Vgl. Vietor l. c. Anlage 6: Fragment Z mit Varianten ABCD*EFMNOPQSX, hierzu noch die Varianten von J.)

44. f° 1r°, v. 8: Passent le bos, si se misent as camps = Q les FM159dX bors E et li tertre D*JP159dS et la terre EFMX pandant D*JFS ausiment EMPX *folgt*: Au (A D*) par issir de lu (par EPX) devers les chans D*EJMPX.

45. v. 16: Et les .VII. contes du lignage poissunt = Q Ves ABC Veez D Veci les .VII. N qui vienent de (du ND) present ABCND del Fromont norriment D*S que Fromons aime tant F dant (del J a X) Fro. voirement EJMPX.

46. v. 23: Lors remonterent, cascuns son escu prent = FQ Il D*EJMPX cha sor l'auferrant E Quant sont monte si se missent as cans S.

47. v. 27: Salent li conte hors du bos a plains camps. — as p. Q Li c. s. (issent EX issirent P) D*EJMPX fors d'un (del J) b. en (a J) .I. EJMX plain champ EFJMPX *fehlt* S.

48. v. 31: En mains de tere c'on ne getast .I. gant = Q et en m. d'eure S t. ne (que) gitesiez D*J coucast .II. gans S *fehlt* EJMPX.

49. v. 47: Qu'en ferrai un, se il a cop m'atent = D*FS J'en EJMPQX un a cop P un au coul E se je l'ataing EP Je ferra jai .I. cop se il l'atant X.

50. v. 59: Li premerain qui d'iaus se sont parti des .VII. D*EFJ JMPQX se p. F est p. EJMPX se s. departi S Li dui premier qui vienent le chemin N Lors (Doi B Qui? D) se desrengent (s'en partirent B) de la gent (renc A) Fromondin ABCD.

51. v. 69: Et dist Gerbers: De ches .II. est il fins. — Dex D*E245b MP157bX Gerins ND Gerbers escrie ABC la fins E de deus en avons fin D*FJS de caus avons fait (mis PX) fin EMPX.

52. f° 2r° v. 29: C'ainc me denistes, n'encor n'en estes fis = F C'onques n'eustes (n'oistes M) EMPX Onkes ne vistes S C'a. ne baillates D*J ne pas D* ne n'en EJMPS ne ne X fustes EJMPX saisi EJMPSX.

53. v. 40: Que vostre foi vos me venrrés plevir = S La v. foi vos (toie foi m'en N) covenra D*CJMNPX foir F *fehlt* ABCD.

54. v. 42: Fromont le viel, ou son fil Fromondin = N ne son D*F129d S et son CJMPX Ne (Ou A) l'orgillos Guill. de Monclin ABCD (= 44).

55. v. 44: Ou l'orgueillox Guillaume de Monclin. — Ne D*CFJ MPSX dan G. l'o. de D*CJMPX.

56. v. 57: Et Gerbers va derrier contre atendant = D* contratendant CJMPX va par d. at. S c. tenant F Li dus G. ABCN les va en traversant N li torne (lait corre B) l'auferrant ABC.

57. Im Gegensatz zu dieser, S. 203 ausgesprochenen Annahme beurteilt B. s. 248 ff. die Stellung von J in ganz verschiedener Weise. Hier setzt er für AJ ein gemeinsames Original voraus und sucht diese Behauptung durch folgende Belege zu erhärten: die Ähnlichkeit der Explicitformeln, die AJ gemeinsame Ersetzung der ‚Wandres‘ durch die ‚Hongres‘[1]), die sich nur in den Hss. dieser Familie (= AC, JM) finde, und die Erwähnung der Stadt ‚Saint-Denis‘ in J ähnlich der von ‚Saint-Remis‘ in A.

58. Dass eine Vergleichung der Explicitformeln kein wichtiges Moment für die Classifizierung der Hs. abgiebt, räumt B. S. 253 selbst ein. Auch hier muss die Berufung auf die Ähnlichkeit der Explicitformel, eine solche bei A am stärksten vorausgesetzt, bedenklich erscheinen, wenn man berücksichtigt, dass D*FGJOQSTX früher abbrechen, NM* das Explicit später (nach dem Anseïs, resp. der Vengeance Fromondin) und daher abweichend haben, bei CP das Explicit bedeutend an Umfang zugenommen hat, und das von B für die Kritik hinfällig ist, da der Schluss dieser Hs. durch eine spätere Hand nach einer andern (vielleicht A) ergänzt worden ist[2]). Es würden ABC zum Vergleiche bleiben, der, bei Berücksichtigung nur der beiden Pariser Hss., offenbar zu Gunsten von C spricht, wie aus den Varianten zu ersehen ist. (Noch genauer stimmt die Explicitformel aber zu B; vgl. Vietor l. c. S. 21 Anm. **).

---

1) Vgl. Vietor l. c. S. 21 Anm. *).
2) Vgl. Bonnardot l. c. 18.

59. Explicitformel von 𝔍 (f° 259a):
   Ci faut lestoire au loherant .Ga.
   Et de .fro. qi ot deu relenqui
3 Et de son fil lorguillox .frod'.
   Et de .Gir. le roi poestei
   Qi tarascone a lespee *con*quist
6 Explicit la mort de fromondin.
Varianten 𝔄𝔅ℭ𝔙 von 𝔍:
1. = 𝔄ℭ Or 𝔅 do 𝔅𝔙. — 2. = 𝔅ℭ𝔙 dieu ot 𝔄 *folgt*: Et de Guill. lorguillox de monclin 𝔄𝔅ℭ𝔙 Del conte Hernaut et del uasal Gerin Et del uasal qui ot non Maluoisin ℭ. — 3. Du fil Fro. l'or. 𝔄𝔅ℭ Du peril de l'or. 𝔅. — 4. = 𝔅ℭ Par son outrage auoit (aurait 𝔅) este ocis 𝔄𝔅 *folgt*: Du roi Ger. uoz ferons fin ici 𝔄𝔅. — 5. Et 𝔅 tantes terres 𝔄𝔅 tante terre 𝔅ℭ a son espie 𝔅 as ℭ qual 𝔅 *folgt*: N'en i a plus si com lestoire dist 𝔄𝔅 Cil defaut lestoire des Loherans ℭ. — 6. E. des loheranz 𝔄𝔅 *nur*: Explicit 𝔅ℭ.

60. Was ferner die Ersetzung der ‚Wandres' durch die ‚Hongres' anbetrifft, so ist die Annahme Bonnardot's[1]), dass der Ausdruck ‚Hongres' eine Eigentümlichkeit der Familie Arsenal-Dijon (𝔄ℭ, 𝔍𝔑) sei, irrig, denn 𝔑 bietet die ‚Wandres'[2]). Wenn nun auch 𝔄𝔅ℭ𝔍 allein die ‚Hongres' aufweisen, so kann man dieser Übereinstimmung doch keine grosse Bedeutung beimessen, sie kann eine rein zufällige sein. Man darf wohl annehmen, dass ein Schreiber selbständig ‚Hongres' für ‚Wandres' der Vorlage (und vice versa) setzen konnte, da die Tradition die verheerenden Züge durch Frankreich mit den Namen beider Völkerschaften in Verbindung brachte. Der betreffende Vers lautet in:

61. 𝔍 (1a3):
   Si *com* li hongre vinrent en cest pais.
Varianten 𝔄𝔅ℭℭ𝔉𝔍𝔐𝔑𝔒𝔓𝔒𝔖𝔗𝔙 von 𝔍: = 𝔄𝔅ℭ Wandre ℭ𝔉𝔐𝔑 𝔒𝔒𝔗𝔙 Wambre vindrent fors en c. p. 𝔓 gasterent le pais 𝔖 Si com li Wandre par mervilloz air Vindrent en France crestiens envair 𝔑.

62. Als ein drittes Moment, das B. bestimmt hat, für 𝔄𝔍 ein gemeinschaftliches Original anzunehmen, wird die Erwähnung der Stadt ‚Saint-Remis' in 𝔄 ähnlich der von ‚Saint-Denis' in 𝔍

---

1) Wenn B. nicht hier ‚Familie' fälschlicherweise für ‚Gruppe' gebraucht haben sollte.
2) In Hs. 𝔍 fehlt der Anfang; vgl. Rom. III. 78.

hervorgehoben. Alle Hss. weichen in Beziehung auf den Namen, den sie diesem Heiligen geben, ab. Wir dürfen wohl daraus den Schluss ziehen, dass der sich in den Vorlagen der uns überkommenen Hss. befindliche Name des Märtyrers den Copisten unbekannt, dass der betreffende Heilige kein volkstümlicher war. Die Schreiber von 𝔄 und 𝔍 suchten den ihnen unbekannten Heiligen der Vorlagen durch einen ihnen bekannten zu ersetzen, und sie gaben ihm Namen, die als solche zweier Städte bekannt waren; jedenfalls lässt sich darin schwerlich ein zwingender Grund für ein von 𝔄𝔍 gemeinsam benutztes Original finden.

63. 𝔍 (1a7):
Et saint denis si *com* la chancons dist.

Varianten 𝔄𝔅𝔊𝔈𝔉𝔐𝔑𝔒𝔓𝔔𝔖𝔗𝔙 von 𝔍: Remis 𝔄 misius 𝔅 Mirmurs 𝔒 Memyns 𝔈𝔓 Minsius 𝔐 Minus dont uos sues oy 𝔖 Un grand signeur si c. l. 𝔈 *fehlt* 𝔉𝔐𝔒𝔗𝔙. *In* 𝔗 *steht weiter unten*: A icel tans barons que ie vous di Ert .s. Nichaises bons chevalier de pris E .s. Menins et .s. Meurisse ausi.

Aus dem Angeführten ersehen wir, dass diese drei Belege nicht genügen, um auch diese Annahme Bonnardot's ausser Zweifel zu stellen.

64. Im Widerspruch nun mit dieser S. 249 gegebenen Classification soll 𝔍 seiner Lesart nach (S. 203) mit 𝔇(𝔇*)𝔉𝔊 𝔐*𝔈 und verschiedenen Fragmenten Gruppe 1 der Familie I bilden (S. 261). Allerdings hob Bonnardot auch am Schluss jener Besprechung S. 249 hervor, dass 𝔍 der Lesart nach den Hss. der I. Familie folge, hielt aber trotzdem an einem mit 𝔄 gemeinsamen Original fest, demzufolge 𝔍 der 1. Gruppe der II. Familie zuzuweisen sein würde. Es scheint demnach B.'s Ansicht dahin zu gehen, dass für den Schreiber von 𝔍 die Benutzung zweier Quellen vorauszusetzen sei: erstens einer solchen, auf der auch 𝔄 beruht — was B. aus der Ähnlichkeit des Einganges und der Explicitformel von 𝔄𝔍 folgert —, zweitens einer solchen, aus der Gruppe 1 seiner Familie I (𝔇(𝔇*)𝔉𝔐. 𝔖𝔊 und die meisten Fragmente) geflossen ist, eine Annahme,

zu der ihn die Übereinstimmung der Lesart von J mit derjenigen dieser Gruppe (besonders mit D-F) nötigt.

§ 3.

65. Auch Herr Professor Vietor hat, wie in der Einleitung schon bemerkt wurde, nach spärlichen Auszügen, die ihm zur Verfügung standen, versucht die Stellung von J zu bestimmen, indem er sich l. c. S 21 folgendermassen ausspricht: »Auch Hs. Montpellier J scheint nach den wenigen Angaben Rom. S. 249 noch auf β oder γ zu beruhen. Die Explicitformel, worin Herr B(onnardot) den Beweis eines mit A gemeinsam benutzten Originals sieht, stimmt noch genauer zu der von B:
Or faut l'estoire do Loherenc Ga[rin] etc.
Die Vergleichung mit ACJ spricht beiläufig zu Gunsten von B« etc. — In den »Nachträgen und Verbesserungen« zu seiner Arbeit (S. 133) präzisiert er seine oben aufgestellte Behauptung, indem er sagt: »J ist nicht direkt aus β oder γ geflossen, wie S. 21 noch als wahrscheinlich angegeben werden konnte. Die mir später zugegangenen Proben weisen zahlreiche Berührungen mit O auf und darunter solche, die eine neue Zwischenquelle (γ^1) von JO und vielleicht R voraussetzen, welche wie δ aus γ floss. Vgl. Anl. I., 3. 7 (S. 33); Anl. IV. 4) 445, 38 (S. 42); 5) 547, 27 (S. 58) u. folg. 548, 3. 7; 550, 13. 17; 551, 21. 26. 3; 552, 7. J ist nicht etwa identisch damit: das beweist Anl. I, 9 (S. 33). Aber γ^1 war nicht die einzige Vorlage von J. Mehrfache Anklänge an MPCX nötigen zur Annahme der Nebenquelle ν. Diese Hs. hat nicht aus J geschöpft, denn J und ν enthalten gemeinsame Lesarten, welche sich in ζ, vielleicht schon in δ, nicht aber in γ und folglich auch nicht in γ^1 befanden. Vgl. Anl. I. 1. 8. 12 (S. 33); Anl. IV. 4) 446, 57 (S. 42); 5) 549, 10; 550, 12; 551, 4 (S. 58); Anl. V, 11. 12 (S. 61).«

Vietor's Ansicht geht also dahin, dass J mit O (vielleicht auch mit R) auf eine gemeinschaftliche Quelle γ^1 zurückgehe, die ihrerseits auf γ beruhe; ferner, dass J neben dieser Quelle noch ɼ als Nebenquelle (die durch die Facsimile-Hss. 𝔐𝔓𝔈𝔛 repräsentiert wird) benutzt habe.

66. Untersuchen wir, ob wir berechtigt sind, für 𝔍𝔒 eine gemeinsame Zwischenquelle (γ^1) anzusetzen. Wenn wir die Stellen prüfen, die Herr Prof. Vietor anführt, um damit die Annahme derselben zu rechtfertigen, so finden wir, dass nur drei Belege eine isolierte Lesart von 𝔍𝔒 aufweisen und daher eine nähere Prüfung nötig machen:

67. IV. 5) 547, 27 (S. 58):

Loherant font as Bordelois grant guerre = 𝔐𝔓𝔒𝔛 Li Loh. 𝔉𝔍𝔒 As Loh. 𝔅𝔈¹𝔍¹𝔐¹ Bordelois 𝔓¹ Li Bord. 𝔒¹ As Bord. 𝔄𝔈𝔇•𝔉¹𝔒¹𝔖 ont 𝔄𝔅𝔈𝔇•𝔈¹𝔉𝔍¹𝔐¹𝔓¹𝔒¹𝔖 f. (ont) Bord. 𝔅𝔈¹𝔉𝔐¹ f. as a (!) boriois 𝔍 f. as boriois 𝔒 f. (ont) Loh. 𝔄𝔈𝔇•𝔉¹𝔒¹𝔓¹𝔒¹𝔖 Loh. mainent en Bordelois 𝔑 *fehlt* 𝔛¹.

Der Variante *as boriois* in 𝔍𝔒 statt *bordelois* 𝔉 scheint auf falscher Auflösung einer in der Vorlage befindlichen Abbreviatur zu beruhen (etwa *bor'.* oder *bord'ois*).

68. IV. 5) 551, 3 (S. 58):

La meirs li bat salleie au pie desous. — La m. salee li bat 𝔉𝔍𝔐𝔒𝔒 as pies 𝔓 desor 𝔍𝔒 Laiens auoit (repaire 𝔄) maint riche (gentil 𝔐¹ vaillant 𝔒¹) poigneor (vauassor 𝔈¹𝔐¹𝔓¹) 𝔄𝔅𝔈𝔇•𝔈¹𝔉¹𝔍¹𝔒¹𝔓¹𝔒¹𝔖𝔜.

Die 𝔍𝔒 gemeinsame Variante *desor* ist zu geringfügig, als dass derselben ein hoher Wert zugemessen werden könnte, besonders da sie durch den Reim veranlasst sein kann, auch ein graphischer Irrtum nicht ausgeschlossen erscheint (*desor* statt *desoz*).

69. IV. 4) 445, 38 (S. 42):

Quant li chies faut, il sunt tuit desclinei. — Com 𝔇 si sunt 𝔒𝔛 encline 𝔉𝔈𝔛 acline 𝔍𝔒 desertet 𝔒 abosme 𝔖 li membre sont 𝔇𝔛 cline 𝔇 greue 𝔛 *fehlt* 𝔄𝔅𝔈.

Auch diese isolirte Lesart von 𝔍𝔒 (*acline*) kann nicht als Beleg für eine gemeinsame Quelle gelten, wenn wir in Rücksicht ziehen, dass die Hss. ausser dem Simplex *cline* (𝔇) noch *desclinei* (𝔈) und *encline* (𝔉𝔈𝔛) aufweisen.

Die übrigen von Herrn Prof. Vietor angeführten Stellen weisen keine isolierte Lesart von 𝔍𝔒 auf, nötigen also nicht zur Annahme gerade der Quelle γ oder γ^1 für 𝔍 (vgl. ausserdem die Ausführungen der folgenden §§):

70. I. 3 (S. 33) vgl. § 2, 61.

71. I. 7 (S. 33):
Destruistrent Rains et assistrent Paris = 𝔄𝔉𝔅 Destruite 𝔍𝔐 Il arsent R. 𝔅 Assistrent R. ℭ Et prisent R. 𝔇𝔖 D. R. et arcent 𝔈𝔓 et arcent 𝔐 les marchis 𝔈𝔐𝔓 D. R. si l'ont ars et brui 𝔑 Rains ont destruite et mainte vile osi 𝔛.

72. IV. 5) 548, 3 (S. 58):
Quant la porte euure, li pais est en guerse = ℭ¹𝔉𝔍𝔐𝔒𝔓𝔒 li pons 𝔖 s'est li pais en 𝔄𝔅ℭ𝔇•𝔉¹𝔍¹𝔐¹𝔑𝔒¹𝔓¹𝔖 c'est pais guerre 𝔛 fehlt 𝔒¹𝔛¹.

73. IV. 5) 548, 7 (S. 58):
Tant qu'il en ont plus de XX mil a elmes = 𝔉𝔐𝔓𝔒𝔒¹𝔛 ot XIIII M. 𝔄𝔅ℭ𝔇•𝔉¹𝔒𝔖¹𝔜) ot bien IIII M. ℭ¹𝔐¹𝔓¹𝔛¹ XIIII as ermes 𝔍¹ as armes 𝔍 as elmes 𝔛¹ a hermes 𝔉¹ a armes 𝔇•𝔒𝔒¹.

74. IV. 5) 550, 13 (S. 58):
La gens dedans n'iert ja si enserreie = 𝔉𝔐𝔒𝔓𝔒𝔛 leans ℭ¹𝔐¹𝔓¹ ne sont (n'en est 𝔄𝔖) mie (pas 𝔄𝔇•ℭ¹𝔉¹𝔍¹𝔐¹𝔓¹ n'est pas trop 𝔒¹ n'est mies 𝔜) esgaree (esgareies ℭ¹ encevreie 𝔓¹) 𝔄𝔅ℭ𝔇•ℭ¹𝔉¹𝔍¹𝔐¹𝔒¹𝔓¹𝔒¹𝔖𝔜) enfermee 𝔍 Ja cil d. n'auront tel e. 𝔑.

75. IV. 5) 550, 17 (S. 58):
La roche est haute a sisel bien coupeie = 𝔛 La tors 𝔓 La r. ert a c. c. 𝔒 fu colpee 𝔉𝔍𝔐𝔒𝔓.

76. IV. 5) 551, 21 (S. 58):
Sa gent assenble et s'ont s'ost assenbleie. — Sa gent manda 𝔐𝔓𝔛 Ses genz a. s'a sa grant ost mandee 𝔉𝔍𝔒 sa grant ost a mandee 𝔒 et ot tote a. 𝔛.

77. IV. 5) 551, 26 (S. 58):
Dongier ne prisent une plume palleie. -- paree 𝔉𝔍𝔐𝔒𝔓𝔒 fehlt 𝔛.

78. IV. 5) 552, 7 (S. 58):
Mais se deu plaist le vrai juticeor. — le verai (pere 𝔒) criator 𝔉𝔍 𝔒𝔓𝔒 a le vrai justisor 𝔐 fehlt 𝔄𝔅ℭ𝔇•ℭ¹𝔉¹𝔍¹𝔐¹𝔒¹𝔓¹𝔒¹𝔖𝔜).

79. Was die Nebenquelle ν anbetrifft, so sind allerdings mehrfache Anklänge von 𝔍 an 𝔈𝔐𝔓𝔛 vorhanden, die jedoch nicht zur Annahme einer solchen berechtigen, sondern daraus erklärlich sind, dass ν und die Vorlage von 𝔍 auf einer gemeinsamen Quelle beruhen, wie im Verlaufe der Untersuchung gezeigt werden wird (vgl. § 6); dass 𝔍 ν nicht als Nebenquelle benutzt hat, geht aus einer grossen Anzahl isolierter Lesarten hervor, die 𝔍 mit andern Hss. gegenüber 𝔈𝔐𝔓𝔛 aufweist (vgl. S 68).

80. V. 11. 12 (S. 61):
11 Ce dist la gieste que ce fu après Pasques
12 El mois de mai que primevoire carge

11. l'estoire 𝔊𝔓𝔛 ce fu a une Pasque (feste 𝔈𝔍𝔐𝔓𝔛) 𝔄𝔊𝔇ₐ𝔊𝔉𝔍𝔐 𝔒𝔓𝔛 Ce fu en mai (A Paske fu) ce tesmoigne le geste 𝔒𝔖 Moult ot dure la tensons et li chaples De celle guerre qui de noient ne lasche Tant bon palais en remest povre et gaste (98a) Dont li baron furent ocis par armes Li Loherant esploitent et chevauchent Cil de Bordelles de noiant ne s'atargent D'anbe .II. parts confondent si les marches Qu'il il n'i remest qui .I. seul denier vaille Ce fu en mai que fleurs de rose charge 𝔑. — 12. = 𝔄𝔅𝔊 Dou 𝔊𝔐𝔓 Dous 𝔛 d'avril 𝔇ₐ𝔍𝔖 primevoir 𝔒 primerose 𝔒𝔖 germe 𝔊𝔍𝔐𝔓𝔛 en guerpe 𝔖 *fehlt* 𝔑 (*vgl.* 11).

81. I. 8 (S. 33):

[Et] seins Nigaises de Rains i fu ocis = 𝔄𝔅𝔊𝔊𝔉𝔍𝔐𝔑𝔓𝔒𝔖𝔗𝔙, mit 9. *umgestellt* 𝔊𝔍𝔐𝔓 *folgt*: E traines et rompus a roncis 𝔒𝔖. — 9. *vgl.* § 2, 63 *fehlt* 𝔉𝔑𝔒𝔗𝔙.

Die Umstellung der Verse 8 und 9, die nur von 𝔍 und 𝔊𝔐𝔓 geboten wird, kann wohl in den Vorlagen der Hss. 𝔉 𝔑𝔗 𝔙 vorhanden gewesen sein.

82. IV. 5) 551, 4 (S. 58):

De l'autre part Gironde li essourt = 𝔐𝔓 G. qui 𝔒 recort 𝔉𝔒 oi sort (!) 𝔍 Contes et princes demaines (chastelaines 𝔜) mainz fiz de 𝔄) uauassors (uauassor 𝔄𝔅) 𝔄𝔅𝔇ₐ𝔉'𝔍'𝔒'𝔒'𝔖𝔜 *fehlt* 𝔊'𝔐'𝔒𝔓' *folgt*: Qui de Gerbert tenoient lor honors (honor 𝔄𝔅𝔐'𝔓') 𝔄𝔅𝔊𝔇ₐ𝔊'𝔉'𝔍'𝔐' 𝔒'𝔓'𝔖𝔜.

Hier zeigt 𝔍 eine fehlerhafte Lesart *oi sort*, der jedoch im Original *essort* entsprochen haben kann, das von 𝔊𝔐𝔓 geboten wird. —

Die übrigen von Herrn Prof. Vietor angeführten Belege bieten keine isolierte Lesart von 𝔍 und 𝔊𝔐𝔓𝔛:

83. I. 1 (S. 33):

Vielle chanson voire plest vos oir = 𝔊𝔑 plairoit vos u oir 𝔄𝔅 voleiz oir 𝔊𝔉𝔍𝔐𝔓𝔒𝔙 viele vouliez o. 𝔖 Bonne chancon 𝔄𝔅𝔒𝔖 Or entendez por dieu qui ne menti 𝔑𝔗.

84. I. 12 (S. 33):

[Qui por] Jhesu furent verai martir = 𝔄𝔅𝔊𝔉𝔍𝔐𝔑𝔒𝔙 Qui icel jor 𝔊 toz vrai m. 𝔑𝔗 Et por le doulz Jh. y f. vrai m. 𝔓 Et pour l'amour Jhesu furent martir 𝔖 *folgt*: Onques nus d'aus (hons 𝔓) vers aus coup ne feri 𝔊𝔉𝔍𝔐𝔓𝔙 O. n. hons vers lor cox ne gari 𝔑𝔗. *In* 𝔐𝔓 *nach v.* 11 *eingeschoben.*

85. IV. 4) 446, 57 (S. 42):

[Le Chanpegnois qui tant fist a douteir] = 𝔅𝔊𝔇 Les Chanpenois 𝔊𝔐𝔓𝔒 q. molt 𝔖 fet 𝔉𝔖𝔗 font 𝔊𝔍𝔐𝔓𝔒 a loer 𝔍𝔐𝔓𝔖 *fehlt* 𝔇𝔊𝔛.

86. IV. 5) 549, 10 (S. 58):

Sor une roche qui est et haute et leie = 𝔓𝔛 Sus 𝔒𝔒'𝔒𝔒'𝔖 qui fu et 𝔉𝔍𝔐 et grans et 𝔅𝔒𝔜 et longue et 𝔒 r. parfonde et 𝔐¹ r.

haute et (r. h. 𝔑𝔐) reonde (parfonde 𝔄ℭ𝔇ₐℭ'𝔍'𝔒'𝔓') et lee ℭ𝔇ₐℭ'𝔉𝔍' 𝔑𝔒'𝔒'𝔖.

87. IV. 5) 550, 12 (S. 58):

En est bien lons demi une leueie. — N'est loing d'ilec (d'iqui 𝔄 d'ilesques ℭ des lor 𝔇ₐ𝔉' d'iluec lons ℭ'𝔐'𝔓𝔓'𝔒'𝔛 del bois 𝔍') que (mes 𝔉') 𝔄𝔅ℭ𝔇ₐℭ'𝔉'𝔍'𝔐'𝔒'𝔓𝔓'𝔒'𝔖𝔛 Bien en est l. a. 𝔐 demie l. 𝔄𝔅ℭ𝔇ₐℭ'𝔍'𝔐𝔐'𝔒'𝔓𝔓'𝔒'𝔖𝔛 demies iornee 𝔉' l. a une grant.... 𝔍 Qu'il n'en est (Ele n'est) l. ne mes c'u. l. (ruee) 𝔒𝔒 El nen est l. mes que u. l. 𝔉 Et pres d'ilueques a mains d'u. l. 𝔇) A une liue du ohastel mesuree Est la fores de moult grant renomee 𝔑 *folgen*: etc.

§ 4.

88. Während nun F. Bonnardot und Prof. Vietor für den Schreiber von Hs. 𝔍 oder deren Vorlage die Benutzung zweier Quellen in Anspruch nahmen, sucht E. Heuser, welcher die Hs. selbst eingesehen hatte, jene Behauptung dahin zu präzisieren, dass er für die beiden Schreiber der Hs. (vgl. 22) zwei verschiedene Vorlagen voraussetzt. In seiner Dissertation: »Über die Teile, in welche die Lothringer Geste sich zerlegen lässt« (Marburg 1884) S. 17 Anm. 11 spricht er sich über die Stellung von 𝔍 folgendermassen aus: »𝔇ₐ𝔍 weichen von jetzt ab des öfteren von 𝔅𝔄ℭ𝔒 ab, wie denn allem Anscheine nach 𝔍 im zweiten Teile (der mit f° 57a1 beginnt) eine Quelle gehabt hat, die mit 𝔇ₐ im nächsten Connex gestanden haben muss.«

89. Untersuchen wir zunächst, ob nicht etwa auch andere Hss., welche E. Heuser in seiner Synopsis nicht aufführt, mit 𝔇ₐ𝔍 gemeinschaftliche Abweichungen 𝔅𝔄ℭ𝔒 aufweisen, und sonach die Beobachtung E. Heuser's auch auf sie auszudehnen sein würde. Zu diesem Zwecke vervollständigen wir jene Synopsis, indem wir die Tiradentabelle der Hss. 𝔊𝔉𝔒𝔑𝔛𝔐 folgen lassen.[1])

---

[1] Die Columnen 1, 2, 8, 10 sind der Heuser'schen Synopsis entnommen. In derselben sind folgende Irrtümer zu berichtigen: S. 20, Tir. No. 246 𝔖: statt 112a: —, No. 247: statt c: 112a; S. 20 Anm. 15: nach »ersetzt durch« ist einzuschalten: i 𝔖 112a, 𝔇ₐ 147b; S. 21 No. 279 𝔍: statt a: c. — Wie E. Heuser bezeichen auch wir durch ·· : eine Lücke in der Hs., —: nichts Entsprechendes in der Hs. vorhanden. Pa. I, II bedeutet: ed. Paris Bd. I, II; DuM.: Du Méril; Ste.: Stengel.

No.	Vocal	G	F	O	N	T	J	M	Pa. I.
1¹)	i	..	1a	1a	44b	177b	1a	2a	1
2	e	..	b		—	—	b	c	5
3	i	1a	b		—	—	c	c	6
4²)	e	a	d		44c	d	2a	3a	10
5	i	c	2a		f	178c	c	c	14
6	aₙ	2a	b		b	177c	3a	4a	17
7	ie	a	c		b	c	a	a	17
8	e	b	c		45a	179a	b	b	18
9³)	aₙ	c	d		b	b	c	c	21
10	i	d	3a		—	—	4a	d	23
11	aₙ	d	a		c	c	a	5a	23
12	e	3a	b		d	c	b	b	25
13	i	c	c		e	180a	d	c	28
14	e	4c	4c		46b	181a	5c	6c	35
15⁴)	i	d	c		d	b	d	d	38
16	a	6a	5c		—	—	7a	8a	46
17	i	b	d		47d	183a	b	b	49
18	e	7b	6d		48a	d	8c	9c	58
19	i, e	d	7a	4a	—	—	d	d	60
20⁵)	i	d	a	a	b	184a	d	d	60
21⁶)	e	8b	c	d	49d	186a	9c	10c	64
22⁷)	i	c	d	5a	e	190a	d	d	67
23	e	10c	9b	6a	50f	191c	11d	12d	80
24⁸)	i	d	c	b	51a	d	12a	13a	82
25	aₙ	11a	d	b	b	192a	b	b	83

1) No. 1—18 wie in G ersetzt durch: i 1a, i. e 1d, oₙ 1d, i 2b, e 2b, i 2c, e 2d, i 3a, u 4a in O (nach einer Notiz von E. Heuser, der eine Copie von O anfertigte, sind in dieser Hs., die 200 Blätter enthält, die ersten Blätter verbunden; ihre richtige Reihenfolge ist: 1, 2, 4, 3, 6, 5, 7 etc.; auf f° 24 folgt wieder ein f° 21, eine Verzählung, die nicht verbessert wurde, so dass die Hs. mit f° 196d abschliesst). — No. 1. 2 fehlen G.

2) Es folgen in NT die Tiraden: i 44e, 178b, e 44f, 178c.

3) Es folgt in NT eine e-Tirade 45c, 179c.

4) Es folgt in NT eine e-Tirade 47c, 182d.

5) Es folgen in NT die Tiraden: e 48c, 184b; i 49a, 185b; e 49b, 185c; i 49c, 185d.

6) Es folgen in T die Tiraden: aₙ 186d, e 187a, aₙ 187b, e 187d, i 188b, e 188d; f° 189 (nicht 186, wie Victor l. c. S. 11 angiebt) ist in T herausgeschnitten.

7) Es folgen in NT die Tiraden: e 50a, 190a; i 50a, 190b; in T noch: e 190c, i 190d.

8) Der Bearbeiter von NT suchte, wenigstens in den ersten 29 Tiraden (nach N) einen regelmässigen Wechsel von i und e als Assonanz-Vokale herzustellen, wie das H. Hub in seiner Dissertation: »La chanson de Hervis de Mes, Inhaltsangabe und Classification der Handschriften«, Marburg 1879, für den Hervis nachgewiesen hat (vgl. § 2 und S. 8). Vgl. noch Ausg. u. Abh. III. S. 121 ff. Vorstehende Bemerkung ist ein weiterer Beleg für den Nachweis Rohde's, dass der Verfasser der Redaktion NT sich bestrebte, Hervis und Garin eng mit einander zu verknüpfen.

No.	Vocal	G	F	D	N	T	J	M	Pa. I.
26	e	11a	9d	6c	51b	192a	12c	13b	84
27	o_n	b	10a	c	b	b	d	c	86
28	i	11c	a	d	c	b	d	d	87
29	i. e	12b	c	7b	e	d	13c	14c	93
30	o_n. e	b	d	b	e	d	d	c	96
1	e	b	d	b	e	d	d	d	97
2	i	c	11a	c	e	193a	14a	d	98
3	e	13a	c	d	f	b	c	15c	102
4	i	c	d	8a	52b	c	15a	16a	105
5	a_n	16a	13d	10a	53b	195b	17c	18c	121
6	o_n	d	14b	d	d	d	18c	19b	129
7	ie	17a	b	d	d	196a	c	b	129
8	i	18b	15c	11d	54a	d	19d	20d	139
9	e	d	c	12a	a	197a	20a	21a	140
40	i	d	c	a	a	a	a	a	141
1	o_n	24a	20a	16b	55 f	199d	25d	26d	175
2	i. e	a	a	b	—	—	d	d	176
3	i	b	a	b	f	200a	26a	d	176
4	e	27b	22c	18d	57b	202a	29a	28b-d	196
5	i	d	d	19a	d	b	c	29b	199
6	a	28c	23b	c	f	d	30a	30a	202
7	i	c	b	d	f	d	a	a	202
8	u	34b	27d	23d	60b	206c	35c	35c	235
9	i	b	d	24a	b	d	c	c	235
50	ie	35c	28d	d	e	207c	36d	36d	242
1	i	c	d	25a	e	c	37a	37a	243
2	a_n	37b	30a	26b	61c	208d	38c	38b	253
3	i	b	a	b	c	d	c	c	255
4	ie	38c	31a	27a	f	209c	39d	39d	263
5	i	38d	a	b	62a	d	40a	40a	264
6	ie	43b	34d	31a	64a	213a	44c	44c	296
7[1])	i	c	d	a	a	a	c	c.	297
8	e			34c	65e	216a	48c	48d	II. 28
9	i			d	f	a	d	d	29
60	e			35a	f	b	49b	49b	33
1	i			b	66a	c	c	c	35
2	ie			36a	c	217a	50b	50b	41
3	i			a	c	a	b	b	42
4	e			37a	f	d	51b	51b	49
5	i			b	67a	218a	c	c	52
6	ie			41b	68e	221a	56a	55d	84
7	i			b	f	b	b	56a	85
8	ie			42d	69d	222a	57d	57c	96
9	i			d	d	b	d	d	—
70	o_n			43a	d	b	58a	d	96
1	i			a	e	a	a	d	97
2	ie			53c	74e	230d	70c	70b	177
3	i			d	f	231a	d	c	179

1) Von den Hss. GF stehen leider nur sehr fragmentarische Copieen zur Verfügung.

No.	Vocal	G	F	O	N	T	J	M	Pa. II.
74	é. e			54d	75c	231d	71d	71c	186
5	oₙ			d	c	d	72a	d	187
6	i			d	c	232a	a	d	188
7	e			55b	d	b	c	72b	190
8	i			c	e	c	d	c	192
9	ie			60a	78a	236d	77c	77b	225
80¹)	i			a	c	237a	d	c	227
1	e			b	d	c	78a	d	229
2	ie			60c	a	237d	c	78a	232
3²)	i			61a	79c	238c	79a	d	236
4	ò			b	d	d	b	79a	237
5	i			b	ie:e	ie:d	b	a	237
6	aₙ. e			b	e	d	c	a	237
7	ie			c	e	239a	c	a	238
8³)	i			62c	80c	240b	80d	80c	245
9⁴)	ie			64d			83c	83a	259
90	i			d			c	b	259
1	u			65a			d	c	
2	i			a			d	c	
3	u			c			84b	84a	
4	oₙ			c			c	a	
5	i			d			d	b	
6	ie			67c			86d	86b	
7	i			d			d	c	266
									III Dum.
8	u			75d		249c	96c	96a	49
9	i			d		d	c	a	49
100	e. e			76b		250a	97a	c	52
1	i			b		b	b	d	53
2	e			77c		251b	98c	98b	61
3	i			78a		d	99a	d	64
4	e			79a		252c	100b	100a	70
5	i			c		253b		c	74

1) Es folgt in T eine o-Tirade 237b.
2) Es folgt in NT eine ie-Tirade 79d, 238d.
3) No. 88—97 in T durch eine i-Tirade (240b) ersetzt.
4) Die Übereinstimmung mit den andern Hss. geht in N bis f° 80d24 (= B 28d41 A 92a11); dann weicht N in Form und Inhalt ab; die Tiraden No. 89—96 sind ersetzt durch: ie 80e, aₙ 80f, i 80f, aₙ 81a, i 81a; f° 81f3 (= B 30a11 A 96b7) nähert sich N wieder den andern Hss., ersetzt jedoch die Tiraden No. 95—114 durch eine, dem Inhalte nach entsprechende i-Tirade bis f° N 87a6. Die folgenden Tiraden, No. 115—157, ersetzt N durch inhaltlich entsprechende, der Form nach abweichende (49) Tiraden bis f° N 97e52: aₙ 87a, i 87a (N 87a17 bis 88d3, abgedruckt bei Du Méril: Lu Mort de Garin le Loherain, S. 223), o 88d, i 88d, e 88e, i 88e, o 88f, e. e 88f, oₙ 89a, e 89a, ie 89b, e 89b, aₙ. e 89d, aₙ 89e, a 89e, i 89e, ie 91b, i 91c, aₙ 91f, e 92a, ie 92a, aₙ 92b, oₙ 92b, e. e 92b, i 92c, ie 92c, i 92d, oₙ 94c, e. e 94c, ie 94c, i 94d, e. e 95c, e 95d, i 95d, e 96a, i 96b, e 96c, i 96c, u 96d, e. e 96d, i 96d, a 96e, e 96e, oₙ. e 96f, è. e 96f, e 97a, i 97d, è. e 97e, e 97e. Vgl. Stengel: Roman. Stud. IV. S. 547 Anm.

No.	Vocal	𝕲	𝔉	𝔇	𝔑	𝔗	𝔍	𝔐	III.
106	ie			79c		253b	100d	100c	74
7	i			80a		c	101b	d	76
8	a_n			82a		255c	103d	103c	90
9	i			c		d	104b	104a	93
110	e			d		256a	c	b	95
1	i.e			88b		b	105a	d	98
2	i			c		c	b	105a	100
3	e			88b		260c	110d	110d	133
4	i			c		c	111a	111a	134
5	ie			89b		261b	112a	112a	140
6	e			c		c	a	b	141
7	i			d		c	b	c	142
8	e			91d		263c	114d	115b	156
9	i			92a		c	115a	c	158
120	e			93a		264b	116a	116c	163
1	i			b		c	b	117a	165
2	e			d		265a	d	c	168
3	i			94a		a	117a	d	170
4	a_n	122a	94b	96a		266c	119a	120a	182
5	i	c	c	b		d	c	c	185
6	ie	125c	97a	98d		269a	122c	123c	201
7	i	d	b	99a		a	c	d	202
8	a_n			b		b	123a	124a	204
9	i			c		c	b	c	206
130	o_n			100a		270a	124a	125a	210
1	i			b		b	a	b	210
									IV St$_e$.
2	e	129b	100a	101d		271d	126a	127c	443
3	i	130a	c	102b		272b	c	128a	446
4	ie	131b	101c	103b		273b	128a	129b	454
5	i	b	c	b		b	a	b	454
6	u	c	d	c		c	b	c	456
7	i	d	102a	c		c	b	d	457
8	a_n	133a	103a	104c		274c	129c	131a	464
9	i	a	b	d		c	d	b	465
140	ie	a	c	105a		d	130b	c	468
1	i	b	d	b		275a	c	132a	469
2	e	d	104a	c		b	d	b	470
3	i	134a	a	d		c	131a	c	472
4	o_n	135a	105a	106c		276a	132a	133c	477
5	a_n	a	a	d		b	a	c	477
6	i	c	c	107a		c	c	134a	479
7	e	137b	106d	108a		277c	134a	135c	487
8	i	d	107a	d		278a	d	136b	491
9	ie	141b	109d	111c		280c	138a	139d	508
150[1])	i	b	d	c		c	b	d	509
1	ie		111c	113c		282b	140c	142a	521
2[2])	i		d	d		b	a	b	521

1) Mit f° 142c bricht 𝕲 ab.
2) Mit f° 282b bricht 𝔗 ab.

No.	Vocal	G	F	O	R	D*	J	M	IV.
153	a_n		113c	115d			143a	144d	533
4	e		d	116a			b	145a	535
5	i		114a	b			c	b	536
6	ie		b	c			144a	d	538
7¹)	i		c	c			a	d	539
8²)	è.e		116b	118c	97f	117b	147c	148a	Mc.
9	a. o		b	c	a	c	c	b	250
160	i		d	d	—	d	148a	c	
1	i. e		d	119a	98a	118a	b	d	
2	e. e		117a	a	a	b	b	149a	
3	è		b	b	98b	c	d	b	
4	ó		b	c	—	d	d	c	
5	e		b	e	b	d	149a	c	
6	i		c	d	c	119a	b	d	251
7³)	oi		118b	120c	d	120a	150b	150d	
8	u		—	—	e	—	—	—	
9	i		—	—	e	—	—	—	
170	e			122d	f	128a	153b	153d	
1	i			128b	99a	d	d	154b	
2	a_n			c	a	124a	154a	d	
3	u			d	b	c	d	155a	
4	i			124a	c	125a	155a	c	
5	ó			b	c	a	a	c	252
6	o_n ó			—	c	—	—	—	
7	o_n			c	c	b	b	156a	
8	i			d	d	c	c	b	
9	a_n		122c	d	d	d	d	b	
180	i		123a	125b	e	126c	156c	157a	
1	a		b	c	f	c	c	b	
2	o_n			c	f	c	d	b	
3	i			c	f	d	d	c	
4	è			d	100a	127a	157a	d	
5	ò			126a	b	b	b	158a	
6	a_n			b	b	a	c	a	
7	i			b	b	c	d	b	
8	u			c	c	d	d	c	
9	oi			127d	e	129c	159c	160a	
190	i			b	d	128d	158d	159b	
1	a_n			128a	101a	129d	159d	160c	253
2⁴)	oi			—	—	—	—	—	
3	e			c	100f	130d	160d	161b	

1) Es folgen in den Doppeltext-Hss. (vgl. Vietor § 3) JFOM die Tiraden: è. e 146d, 115d, 118a, 147b, IV. 547; é. e 146d, 115d, 118a, 147c, IV. 549; o 147a, 115c, 118a, 147d, IV. 551; i 147a, 116a, 118b, 147d.

2) Es folgt in R eine i-Tirade, die dem zweiten Teil der è. e-Tirade der andern Hss. inhaltlich entspricht. — Die folgende Tiradentabelle von D* ist der Heuser'schen Synopsis entnommen.

3) Es folgt eine i-Tirade in OJM.

4) Es folgt eine i-Tirade 101d in R.

Ausg. u. Abh. (Krüger).

No.	Vocal	𝔊	𝔉	𝔒	𝔑	𝔇ᵃ	𝔍	𝔐	Mo.
194¹)	ó̶ₙ. e			129a	102b	131b	161a	161d	
5	i		126c	a	b	b	b	d	
6²)	aₙ		127a	b	c	c	c	162a	254
7	u			c	e	132a	162a	c	255
8	oₙ			d	e	b	a	d	255
9³)	i. e			d	—	c	b	d	256
200	è. e			d	—	c	c	163a	256
1	e			130b	—	138a	d	b	257
2	ie			c	—	c	163b	d	258
3	e			—	—	—	—	—	—
4	oi			d	—	d	c	164a	259
5	oₙ. e			131a	—	134b	d	b	259
6	aₙ			a	—	b	164a	c	260
7	i			b	—	b	a	c	260
8	è. e			b	—	c	b	d	261
9	ie		129b	c	103e	d	c	165a	261
210	i		c	d	f	135a	d	b	262
1	aₙ		d	132a	f	c	165a	c	263
2	aiₙ.e		d	a	f	c	b	d	263
3	ie. e			b	104a	d	b	d	264
4	oₙ			—	—	—	—	—	—
5	aₙ			b	a	d	c	166a	
6	i			c	a	136a	c	a	
7	aₙ. e			c	b	b	166a	b	
8	è. e			—	—	—	—	—	—
9	.u			d	c	c	b	c	
220	oₙ		.	133a	c	d	b	d	
1	e			—	—	—	—	—	—
2⁴)	ó			—	—	—	—	—	—
3	i			b	d	137b	d	167b	
4	aₙ			d	e	138a	167c	168a	265
5	ie			134a	f	b	d	b	
6	è			b	—	d	168a	c	
7	i			c	f	139a	b	d	
8	e			c	105a	b	b	169a	
9	i			d	a	c	d	d	
230⁵)	ie			135a	—	140b	169b	d	266
1	e. e			—	—	—	—	—	—
2	oi			b	d	c	c	170a	
3	ie			d	d	141a	170a	c	
4⁶)	i			d	e	b	b	d	
5	oi			136d	f	142b	171b	171d	
6	oₙ			—	—	—	—	—	—

1) Es folgt eine aₙ-Tirade in 102b in 𝔑.
2) Es folgt eine i-Tirade 102d in 𝔑.
3) No. 199—208 ersetzt 𝔑 durch die Tiraden: e 102f, oi 103a, è. e 103a, i 103b, e 103c, oi 103d, aₙ 103d, oi 103d, i 103e.
4) In 𝔒𝔑𝔇ᵃ𝔍𝔐 ersetzt durch die Tirade aₙ. e, è. e 133a, 104c, 136d, 166c, 166d.
5) Es folgen die Tiraden: e. e 105b, ie 105c in 𝔑.
6) Es folgt eine e. e-Tirade 105f in 𝔑.

No.	Vocal	G	F	O	N	D*	J	M	Mo.
237	e. e			137a	106a	142d	171d	172b	
8¹)	è_n			b	a	143a	172a	c	
9	e			138b	c	144d	173b	173d	
240²)	a_n. e			b	c	d	b	d	267
1	è_n			d	d	145c	174a	174c	
2	e. e			139a	d	c	a	c	
3	oi			b	d	146b	c	175a	268
4	i			b	e	b	c	a	
5	ie			c	e	c	175a	c	
6	i			—	—	—	—	—	
7	è. e			d	f	147a	b	d	
8³)	ie	—	—	—	—	—	—	—	
9	a_n	—	—	—	—	—	—	—	
250	i	—	—	—	—	—	—	—	
1	ie. e			142b	107d	150c	178c	179a	
2	i. e			c	d	c	d	a	
3	e. e			—	—	—	--	—	
4⁴)	ie			c	d	d	179a	b	
5	i. e			143b	f	151c	d	180a	
6	a			b	f	c	d	a	
7⁵)	i. e			c	108a	152a	180a	b	
8	e. e			d	a	a	c	d	
9	o_n			144b	c	d	d	181d	
260	ò. e			c	d	..	181b	c	
1	u. e			c	d	..	b	c	
2	a_n. e			145a	e	..	d	182a	
3	e			a	e	..	182a	b	
4	ó			a	f	153a	a	b	
4	e			b	f	a	b	c	
6	è. e			c	109a	c	c	d	
7	i			c	a	c	c	d	269
8	e			d	a	c	d	183a	
9	i. e			146a	c	154b	183b	c	
270	e. e			b	c	c	c	d	
1	i			d	e	155b	184b	c	
2	e			147c	110a	156a	185b	185b	
3	i			148b	d	157b	186b	186c	
4	ie			d	e	d	d	d	

1) Es folgen in D*JONM die Tiraden: u 143b, 172a, 137b, 106b, 172c; oi 143b, 172b, 137c, 106b, 172d; a_n 143c, 172b, 137c, 106b, 172d.

2) Es folgen in D*JOM die Tiraden: i 145a, 173c, 138c, 174a.

3) No. 248—250 in FD*JOM ersetzt durch: i 137d, 147b, 175c, 140a, 176a; è. e 138a, 147d, 176a, 140b, 176c; ie 138a, 147d, 176a, 140c, —; u 138b, 148a, 176b, 140c, 176c; a_n 138b, 148a, 176b, 140c, 176d; è. e 138d, 148d, 177a, 141a, 177c (177a setzt eine andere Hand ein); ie 139a, 149a, 177b, 141c, 177d; i (F?) 149b, 177c, 141c, 178a; o_n (F?) 150a, 178b, 142a, 178c; in N durch ie 106f, i 107a, è. e 107a, a_n 107b, i 107c.

4) Es folgt eine e-Tirade 107e in N.

5) Es folgt eine è. e-Tirade 180b, 143d, 108a, 180d in JONM.

No.	Vocal	G	F	O	N	Da	J	M	Md.
275	e			148d	110e	158a	187a	187a	
6	i			149a	f	b	b	c	
7	o,			d	111a	..	188b	188b	
8	e			d	a	..	b	e	
9	i			150d	e	..	189c	189d	
280¹)	ie			151d	112b	159d	190d	191a	
1	e. e			152a	c	160a	191a	b	
2	i. e			b	d	c	c	d	
3	e			c	d	d	d	d	
4	o,			c	d	d	d	192a	
5	i			c	e	161a	192a	a	
6	e			153d	113b	162d	193c	193d	
7	oi			154b	d	163c	194b	194o	
8	i			b	d	c	c	c	
9	e			d	e	164a	195a	195a	
290	i			155b	114a	d	d	d	
1	ie			d	c	165c	196b	196o	
2	e			d	c	d	c	d	270
3	i			156b	d	166b	197a	197b	
4	a,			157a	f	167b	d	198b	271
5	e			b	115a	c	198a	c	
6	i			158a	c	168c	199a	199c	
7	a,			159c	116b	170c	201a	201b	272
8	e			c	b	d	a	c	
9	i			d	c	d	b	a	
300	ie		157c	d	a	171a	b	d	
1	e		d	160b	d	b	d	202b	
2	i		158a	b	d	c	202a	b	
3	ie		b	c	e	d	b	d	
4	a,			d	f	172b	d	203a	
5	o,			161a	117a	c	203a	b	
6	i			a	a	d	a	c	
6a	an. e			b	b	173a	c	d	
7	ie			c	b	a	c	c	
8	i			162a	d	174a	204a	204d	
9	e			b	e	b	b	205a	
310	u			c	f	d	d	c	
1	a,			d	118a	175a	205a	d	
2	i			163b	b	c	c	206b	
3	ie			d	c	176a	206b	207a	
4	e			164b	e	d	207a	d	
5	i			d	f	177b	b	208b	273.
6	ie		163a	165c	119b	178b	208b	209a	
7²)	a, e		c	d	c	c	d	c	
8	e		c	166a	d	c	209a	d	
9³)	ie			b	e	179b	c	210b	

1) Es folgt eine e-Tirade 159d, 191a, 152a, 112b, 191a in D,JONM.
2) Es folgt eine ie-Tirade von 5 (J) resp. 4 Zeilen in DªJONM u. DFS.
3) zerfällt in JONM in die Tiraden: ie 209c, 166b, 119e, 210b; e 210a, 166d, 119f, 210d (Dª q. Heuser l. c. S. 22 Anm. 19).

No.	Vocal	G	F	O	N	Dª	J	M	Mo.
320	i			167a	120a	180b	210c	211b	
1	e			b	b	c	d	c	
2	ie			b	b	d	d	c	
3	aₙ			c	c	181a	211a	d	
4¹)	oₙ			d	c	b	b	212a	
5	i			d	d	b	b	a	
6	e			d	d	c	c	b	
7	aₙ			168b	e	d	d	d	
8	ie			c	f	182a	212a	213a	
9	e			169a	121a	183a	213a	d	
330	i, e			c	c	c	c	214b	
1	i			c	c	d	d	c	
2	a			d	d	184a	214a	d	
3	oi			170a	d	a	a	215a	
4	u			b	e	c	c	b	
5	e			c	f	d	d	d	
6	ie			d	122a	185b	215a	216a	
7	aₙ			d	a	b	b	b	
8	i, e			171a	b		c	c	274
9	i			b	c		d	d	
340	ie			172a	e		216d	217d	
1	a			a	e		217a	218a	
2	ie			c	f		b	c	
3	oₙ			173a	123b		d	219a	
4	i			c	c		218b	c	275
5	a			174a	d		219a	220a	
6	ie			b	e		b	c	
7	u			c	f		c	d	
8	aₙ			c	f		d	d	
9	ie			175a	124a		220b	221b	
350	e			a	b		c	c	
1	i			c	c		221a	222a	
2	a			176a	e		c	d	276
3	i			c	f		222a	223b	
4	i, e			d	125a		c	c	
5	u			d	a		c	d	
6	aₙ			d	a		d	d	
7	oi			177a	b		223a	224a	
8	i			b	b		a	b	
9	i, e			c	c		c	d	
360	aₙ			d	d		d	225a	
1	e			d	e		224a	b	
2	ie			178b	f		c	d	
3	u			c	f		d	226a	
4	aₙ			c	126a		225a	a	
5	e			d	b		b	c	
6	ie			179a	b		c	d	
7	e			b	c		d	227a	
8	aₙ			c	d		226a	b	277
9	i			d	e		c	c	

1) Es folgt eine e-Tirade in DªJOM; eine ie (e)-Tirade in M.

No.	Vocal	G	F	O	N	Da	J	M	Mo.
370	ie			180a	126e		226d	228a	
1	e. e			c	127a		227c	c	
2	e			d	a		c	d	278
3	i. e			d	b		d	229a	
4	i			181a	b		228a	b	
5	ie			a	c		b	b	
6	e			b	c		b	c	
7	i			—	—		—	—	
8	e			b	d		c	d	
9[1])	i			—	—		—	—	
380	e			—	—		—	—	
1	i			c	d		d	230a	
2	o_n. e			d	e		229a	b	
3	u			182a	e		b	c	
4	ie			a	e		b	c	
5	e			b	f		c	d	
6	i			c	128a		230a	231a	
7	o_n			183a	d		231b	232c	
8	e			b	e		c	c	
9	ie			184a	129b		332d	234a	
390	e. e			a	b		d	a	
1	i			b	b		233a	b	
2	o_n			c	c		c	d	
3	e			d	c		d	235a	
4	i			d	d		d	b	
5	a_n			185b	—		234b	d	
6	ie			b	e		c	d	
7	i			c	e		d	236a	
8	e			186a	f		235b	c	
9	o_n			b	—		c	237a	
400	a_n			b	130a		d	a	
1	e			c	a		236a	b	
2	i. e			d	b		c	d	
3	i. e			187a	—		d	238a	
4	u			b	—		d	a	
5	e			b	c		237a	b	
6	e. e			d	d		d	239a	
7	a_n			d	d		d	a	
8	i			188a	e		238a	b	
9	ie			b	e		b	b	
410	i			c	f		c	d	279
1[2])	a			d	f		239a	—	
2	e			189a	131a		b	240a	
3	i. e			b	b		d	a	
4	i			c	b		240a	b	
5	ie			d	c		b	c	
6	i			190a	d		c	d	
7	i. e			b	e		241b	241c	

1) No. 379, 380 in JONM ersetzt durch eine a_n. e-Tirade 238c, 181c, 127d, 229d.

2) Es fehlt ein Blatt in Hs. M (vgl. Vietor S. 10).

No.	Vocal	G	F	Q	R	Da	J	M	Mo.
418	u			190c	131f		241c	241d	
9	aₙ			d	132a		c	d	
420	i			191a	a		d	242a	
1	e			b	b		242b	c	
2	i			d	d		d	243b	
3	aₙ			192b	f		243c	244a	
4	ie			c	133a		244a	c	
5	e		.	193b	c		c	d	
6	i			c	d		245a	245b	
7	e			194a	f		c	246a	
8	ie			b	134a		246a	b	
9	u			c	b		b	c	
430	oₙ			c	b		b	d	
1	i			d	c		c	d	
2	aₙ			195b	e		247b	247c	
3	a			c	f		c	248a	
4¹)	e			d	135b		248a	b	
5	e. e			196d	136d		249b	249c	280
6	i			d	e		b	d	
7	u			197c	137b		250b	250d	
8	i			d	b		c	d	
9	ie			198a	d		d	251b	
440	e			a	d		251a	b	
1	i			199a	f		252b	252d	281
2	oₙ			b	—		d	253b	
3	i			c	—		253a	b	
4²)	e			..	138b		d	254a	
5	i			..	c		255a	255b	
6	e			..	d		d	256a	
7³)	i			..	139d		258d	259a	

1) Der Schreiber der Hs. R hat den Schluss der Colonne (135c16-51) sowie die 3 folgenden Spalten (f° 135d,e,f) leer gelassen.

2) Mit 199d41 bricht Q ab.

3) Die Tirade endigt in M 249b3; es folgt bis f° 315b (wo das Explicit) der Anseys und der Yon (»Vengeance Fromondin«).

90. Aus der Synopsis der Tiradenfolge ersehen wir, dass für den Garin eine Abweichung bezüglich der Tiradenfolge in den einzelnen Hss. gegenüber der zu Grunde gelegten Hss. B nur für RT zu constatieren ist, in denen ein stark überarbeiteter jüngerer Text vorliegt; ferner eine gemeinschaftliche Abweichung der Tiraden No. 1—18 für SQ. Im Girbert hingegen zeigen die Hss. SQRDₐM und unsere Hs. J gemeinsame grössere

Abweichungen gegenüber 𝔄𝔅ℭ𝔇¹). Dieselben bestehen in 1) Plustiraden nach No. 238 und 380; 2) Umstellung von Tiraden No. 189 und 190 (in ℭ fehlt Tir. 189); 3) Auslassung von Tiraden No. 203 (wo 𝔑 gänzlich abweicht), 214, 218, 221 (die auch in 𝔄 fehlt), 231, 236, 253, 377; 4) einer Abweichung in Beziehung auf den Assonanzvokal No. 222, 379, 380; 5) dem Ersatz von Tiraden No. 248, 249, 250.

91. Für das aus der Synopsis gezogene Resultat stehen ferner ein: Mo.²) 20422, -25, -27, -29, -30, -31, -32, -33, -35, -38, -39, -40, -41, -42, -43, -44, -45, -46, -47, -48, -49, -50, -51, -52, -54, -56, -57, -58, -60, -64, -66, -67, -69, -70, -71, -72, -73, -76, -78, -79, -82, -89, -90, -93, -95, -98, -99, -500, -3, -4, -8, -10, -11, -13, -14, -17, -22, -23, -24, -26, -29, -30, -31, -33, -35, -37, -40, -41, -44, -46, -50, -51, -53, -54, -55 ff., -75, -76, -77, -78, -79, -80 ff., -84, -85, -86, -87, -88, -91, -92, -94, -95. 96 etc.

92. Aus der Tiradentabelle ersehen wir, dass die von Heuser gemachte Beobachtung auf 𝔒 (wenn wir von der im Eingang mit ℭ gemeinsamen Abweichung absehen) und auf 𝔐 auszudehnen ist; dass 𝔍 in seinem zweiten Teile eine Quelle gehabt haben muss, die auf η^3)³) oder einem Ausläufer von η (η^4), $\varkappa$, ν) beruht.

§ 5.

93. Unsere Aufgabe, die Bestimmung der Stellung von Hs. 𝔍 in der Überlieferung der Geste des Loherains, haben wir durch Aufstellung obiger Tiradentabelle zugleich dahin

---

1) Die Hss. 𝔉𝔊𝔇𝔗 können bei der folgenden Gruppierung nicht berücksichtigt werden, da für den Girbert eine Copie von 𝔉 nicht vorliegt, 𝔊𝔗 im Anfang des Girbert abbrechen, 𝔇 schon früher, mit Ausnahme der Blätter 113 (Vietor Anl. 9) und 116; 𝔇ₐ die Fortsetzung von 𝔇, folgt einer andern Redaktion.
2) Mone: Untersuchungen zur Geschichte der teutschen Heldensage, Quedlinburg und Leipzig 1836.
3) Vgl. Vietor l. c. § 7 ff.
4) Vgl. Zeitschrift f. rom. Phil. 1878 II. 348 Anmk. und A. Feist: »Die Geste des Loherains in der Prosabearbeitung der Arsenal-Handschrift«, Marburg 1884, Diss.

beschränkt, dass es sich jetzt nur darum handelt, welche Stellung $\mathfrak{J}$ in der von Herrn Professor Vietor mit ζ bezeichneten Gruppe zuzuweisen ist. Es kann unsere Hs. direkt auf ζ beruhen oder auf einem Ausläufer η, η', ϑ und x. Ferner haben wir zu untersuchen, ob wir für die beiden Schreiber der Hs. mit E. Heuser zwei verschiedene Vorlagen annehmen dürfen.

94. Die Stellung, welche $\mathfrak{J}$ innerhalb der Gruppe ζ einnimmt, wird eine Vergleichung unserer Hs. mit den auf ζ, η', ϑ und x beruhenden Hss. $\mathfrak{FSDRID\cdot BMC}$ ergeben.

95. Die Belege 96—100 gehören den ersten 56 Blättern der Hs. an. Zusammen mit den folgenden werden sie uns beurteilen lassen, ob wir für $\mathfrak{J}$, entsprechend den beiden früher (Abschn. 22) festgestellten von zwei verschiedenen Schreibern herrührenden Teilen, auch zwei verschiedene Vorlagen, oder nur eine einheitliche anzunehmen haben:

96. Als das Land des reichen Königs Tierris von Moriene und Valparfonde von vier Königen überfallen wird, schickt jener drei Boten nach Frankreich, um Hülfe von Pepin zu erflehen:

$\mathfrak{J}$ 10d21 = Paris I. 75.

21 Ainz que meniast li riches rois pep*in*
Par deuant lui el palais se s*unt* mis
Jofrois parole cil qui fu nies Gaudin
24 Cil damedex q*ui* de leue fist uin
Au ior des noches du sain archedeclin
Il saut *et* gart lenpereor pep*in*

Varianten $\mathfrak{ABCDFSDRIMBC}$ von $\mathfrak{J}$. — 21. = $\mathfrak{B}$ 4b37 $\mathfrak{D}$ 3b33 $\mathfrak{G}$ 9c22 $\mathfrak{N}$ 50d27 $\mathfrak{T}$ 191a15 $\mathfrak{M}$ 11d12 $\mathfrak{P}$ 10d12 $\mathfrak{E}$ 98d12 Es les mesaiges qui vinrent a $\mathfrak{S}$ 4c6 Vienent li mes deuant le roi $\mathfrak{D}$ 5b24 A. quil m. sen est el pales mis $\mathfrak{F}$ 8c23 li emperere $\mathfrak{A}$ 11c1. — 22. = $\mathfrak{ADMBC}$ Ens el palais deuant lui $\mathfrak{B}$ Sont li mesage par deuant le roi $\mathfrak{N}$ P. d. l. sont li mesage m. $\mathfrak{T}$ s'est cil $\mathfrak{B}$ *fehlt* $\mathfrak{FSD}$. — 23. = $\mathfrak{ABD}$ premiers parla J. $\mathfrak{SD}$ parla $\mathfrak{FRI}$ qui fu freres $\mathfrak{NIMBC}$ nies fu $\mathfrak{F}$ filz $\mathfrak{GS}$ *folgen*: Le roi salue cortoisement li dist $\mathfrak{D}$ Que bien loirent mansiel et angeuin $\mathfrak{S}$ Cosinz germainz le (a $\mathfrak{T}$) loh. Gar. $\mathfrak{RI}$ Et loherenc bainier et poiteuin $\mathfrak{S}$. — 24. = $\mathfrak{ABCSDRIMBC}$ C. dex de gloire $\mathfrak{F}$ fist de leue $\mathfrak{G}$. — 25. = $\mathfrak{P}$ Le i. $\mathfrak{F}$ Quant sist as (au $\mathfrak{N}$) $\mathfrak{SRI}$ de $\mathfrak{DF}$ $\mathfrak{GSDI}$ archedelin $\mathfrak{E}$ *fehlt* $\mathfrak{ABM}$. — 26. = $\mathfrak{ABD}$ Cil $\mathfrak{FMP}$ Ci $\mathfrak{E}$ le

27 Sa force croisse *et* son bruit *et* son lin
Par coi il puist son regne maintenir.
Li .m. message sen uont deuant pep*in*
30 Premiers par*l*a iofrois li nies Gaudin
f⁰ 11a Si que loirent mansel *et* angeuin
Et loheranc nor*m*ant *et* poiteui*n*
3 Cil dex de gloire q*ui* fist de leue uin
Il saut *et* gart lenpereor pep*in*
G*a*rt son barnage *et* acroi*ss*e son p*ris*
6 Par coi il puisse son regne maintenir
A toi menuoie *etc.*

roi que veons ci 𝔒 le riche roi 𝔊𝔖𝔑𝔗𝔐𝔓𝔈. — 27. Et 𝔅𝔉 Gart 𝔒
li c. sa force 𝔍 son 𝔅𝔖𝔒 essauche 𝔊 barnage 𝔅𝔖𝔒. son barnage 𝔑𝔗
𝔐𝔓𝔈 et 𝔅𝔒 li 𝔖 acroisse 𝔅 alieue 𝔊 maintigne 𝔈𝔒 et 𝔇𝔈𝔑𝔗𝔐
𝔓𝔈 pris. 𝔅𝔍𝔊𝔖𝔒 brin 𝔒𝔑 *fehlt* 𝔄. — 28. P. qu'il 𝔉 Qu'il 𝔖 Si ques
𝔒 pusse 𝔅 puisse 𝔒𝔉𝔊𝔑𝔗𝔐𝔓𝔈 puist bien son barnage tenir 𝔖 et
li p'st force al 𝔄 s. r. saluer et m. 𝔉 son regne garandir 𝔒 sa terre 𝔑
s. pais 𝔗 resne 𝔒 *folgen*: Contre payens et persans et lutis Drois em-
pereres pour dieu entenc a mi Et mon mesaige ke ie vanrai furnir 𝔖.
— 29. Donc estes uos message ce dit li rois p. 𝔉 .n. m. vinrent d. 𝔗
en 𝔐𝔓𝔈. — 29. *bis* 11a6 *fehlt* 𝔄𝔅𝔇𝔊𝔖𝔒𝔑. — 30. Adonc 𝔉 parla *fehlt*
𝔐 j. frere G. 𝔗 j. qui 𝔉𝔐𝔓𝔈 estoit n. 𝔉 fu freres 𝔐𝔓𝔈. — 11a1.
S. q. bien 𝔉𝔗𝔐𝔓𝔈 lont oi 𝔉𝔓𝔈 loent 𝔗𝔐. — 2. = 𝔗𝔐𝔓𝔈 L. et n.
breton e. p. 𝔉 — 3. damedex 𝔉𝔗𝔐𝔓𝔈 d. g. q. tot le monde fist 𝔉 de
liaue fist 𝔗𝔓 *folgt*: Et qui par sa uertu de leue fist le uin 𝔉 Le ior 𝔐
𝔓𝔈 des noces 𝔈 quil sist (fut 𝔓) as noces 𝔐𝔓 de S. archedeclin 𝔐𝔓𝔈.
— 4. doinst (dont 𝔓) grant prouesse 𝔗𝔐𝔓𝔈 e. beneie 𝔉 au (le 𝔉𝔗𝔓)
riche roi 𝔉𝔗𝔐𝔓𝔈. — 5. Et le tiegne et puissance et dauoir et damis 𝔉
fehlt 𝔗𝔐𝔓𝔈. — 6. = 𝔐𝔓𝔈 puist 𝔗 P. quil p. sa terre gouerner et tenir 𝔉.

97. Die letzten acht Zeilen (𝔍 10d29—11a6), die nur von
den Hss. 𝔉𝔗𝔐𝔓𝔈𝔍 geboten werden, stellen sich als eine fast
wörtliche Wiederholung der ersten acht dar. Dass 𝔉 statt aus
ζ aus *x* resp. λ geflossen sein wird, machen auch noch weitere
Varianten (vgl. dazu den Anhang) wahrscheinlich. Da 𝔗 jenen
Fehler ebenfalls aufweist, so muss er schon in der Vorlage
dieser Hs. (𝜗) vorhanden gewesen sein; während der Schreiber
von 𝔗 ihn reproduzierte, tilgte ihn der Überarbeiter von 𝔑,
vielleicht schon der von ι. Es kann daher 𝜗 nicht direkt aus
η geflossen sein, sondern muss vielmehr mit *x* auf eine Quelle
(η²) zurückgehn, von der zuerst obiger Fehler geboten wurde.
Doch kann 𝔍 nicht auf 𝜗 beruhen, da die Tiradentabelle und
die im folgenden angeführten Belege (98, 99) entschieden da-

gegen sprechen. Es darf demnach x als Quelle von J betrachtet werden. Für diese Annahme spricht ferner:

98. J 42c11—15 = Paris I. 281.

    Vos estes iones et donsiax et meschins
12 Se cels dechases qui te doieuent seruir
    Tu en uerras ton regne apourir
    Sor toi uerront paien et sarrazin
15 Ne te porrons tenser ne garantir etc.

Varianten ABDFGNRTM von J 42c11 ff. — 11. = D 29a22 J 33a27 T 211c29 damoisiaus B 14f36 N 63a45 bacelers S 24b1 O 29b21 M 42c6 fehlt A. — 12. = M Senchaces cex A 45b26 engetes BT degietes O enchasces N doient B. — 13. = M Vous SO verres S uees O vostre SO auras T ta corone BOFNT terre O en T plus uil NT fehlt A folgt: Et BOFSONT ton roiame BO tot ton regne FNT vo corone SO escilier BOF escillie NT abaissier SO et BOFSONT honir BOFSO honi NT. — 14. = ABOFONTM vous S. — 15. = M vous S poras ABO porront loherenc FSO porent (poront T) li loherenc garir NT.

99. J 42d14—27 = Paris I. 282.

    Alez au roi si li criez merci
15 Que il uos doigne .i. ior et .i. repit
    De faire droit et de droit recollir
    Que sestiez de cest chastel parti
18 Les siens dongiers priseriens petit
    Puis porriens guerroier a estrif
    Sensi ne le faites nos somes tuit honi
21 Respont .fro. iel uos auoie dit
    Molt est toz iors bernars de sanz garnis
    Mal dehaiz ait dist ysorez li gris

Varianten ABDFGNRTM von J 42d14 ff. — 14. = B 15a11 O 29b20 F 33 S 24c86 N 63b35 T 211d21 M 42d12 proiez A 45d23 O 29c17. — 15. = BOF doinst ASO doint M .1. ior vos doint ou .1. autre NT petit de S. — 16. = BDSOM ou FNT retenir A. — 17. = F Car ADSO Se uus BNTM se fuissies S sor esties O ce ABO cel T de bon boro departie M partir O folgt: Et en uoz marches FSON fussies ou vos amis N et FSO retornez FO reuenu S et mis FSO. — 18. Le ADFSONTM sien ADFSNTM son O dangier ADFSONTM BOFO priseries vous (molt NT) SNM priseriens nos A folgt: A uostres B Mais qu'eh A Dedenz O Et en T uoz OT marches ABOT retorberes B recorriez O et entre uous T amis BOT peussions reuenir A. — 19. Donc O Adont pores B porriez AOF li porriez N porriez vous M p. nous guerroier T par OTM a N loisir ONT guerroijes a force et SO. — 20. Se A Se yous S nel ABOFSONTM uos SN dont T esteres B estes tout (mal NT) SN tral F baillis NT. — 21. = O Et (Ce F Voir S) dist AFSONTM ie lauoie bien ABSO. — 22. mes oncles (sires M) tos iors (ades OT) ABOFSONTM. — 23. = ABOFS ONTM folgt: Parmi le (son T) col qui le fera ensi (issi A) ABOFSONT.

24 Tant que ie aie paleffroi ne roncin
Ne que des .x. en soient li .ɪɪɪ. uif
Qui le fera ne qui le laira si
27 Si ferons niez o nos somes tuit pris
Il i enuoient etc.

— 24. = ＥＴ T. com 𝔄𝔒𝔑𝔐 T. comme i'aie 𝔅𝔗 ai 𝔇 ne ceual 𝔅. —
25. = 𝔇𝔍𝔖 de 𝔄𝔅𝔍𝔐 del 𝔑 .x. soient o moi 𝔄 doi 𝔇 .vɪɪɪ. 𝔑𝔗
.I. 𝔗 fehlt 𝔖 folgt: Tant com ie puisse de mespee ferir, Ne pex ieter
par sus ce mur antif, Ne me rendrai au riche roi pepin, Nen amerai el
loheren Garin Auoi biaus nies dist .fro. li marcis 𝔄. — 26. qui laira ensi
𝔐 fehlt 𝔄𝔅𝔇𝔍𝔖𝔒𝔑𝔗. — 27. = 𝔅𝔇𝔍𝔒𝔖𝔐 Nos le ferons ou 𝔄 S. f.
nous 𝔗 serons 𝔄𝔖.

100. Vgl. besonders 𝔍 42c13,d18,23,26. Bemerkenswert sind die Zeilen 42d17,18 mit ihren Zusatzzeilen; sie zeigen, dass die Hss. im Grossen und Ganzen in drei Gruppen zerfallen; während nämlich 𝔄𝔅𝔇 (α) die Zusatzzeile nach V. 18 aufweisen, haben 𝔍𝔖𝔒𝔑 (ζ) eine Umstellung vorgenommen, indem sie dieselbe vor V. 18 bringen, und 𝔐𝔍 (x) bieten sie überhaupt nicht.

Im Girbert sichern folgende Stellen die Richtigkeit unserer Annahme:

101. Mo. 20424: Parlant en vont à un duc de Borgoigne
= 𝔖 ala 𝔅 aloit 𝔇 s'en 𝔄𝔍 un 𝔄 au d. 𝔄 Bericloine 𝔄 fehlt 𝔇•
𝔍𝔐𝔅𝔖.

102. -28: Torna sa regne, regarda vers Geronde,
Tira 𝔍 Tourne 𝔖 Nira 𝔇•𝔍 Sira 𝔐𝔅𝔖 ses 𝔍𝔇•𝔐𝔅 son 𝔖𝔍𝔖 regnes
𝔍𝔇•𝔐𝔅 regarder 𝔗•𝔍𝔐𝔖 regarde 𝔖 fehlt 𝔄𝔅𝔇.

103. -29: Tenrement pleure, si regreta ses homes.
Durement 𝔍 s. le regarda 𝔖 et 𝔗•𝔍𝔐𝔅𝔖 regrete 𝔇•𝔍𝔐𝔅𝔖 le (fehlt 𝔐) conte 𝔍𝔖𝔗•𝔍𝔐𝔅𝔖 fehlt 𝔄𝔅𝔇.

104. -31: La l'irons querre ou dius millor nos doigne.
Nous 𝔄𝔅𝔇 le querrons 𝔇•𝔍𝔐𝔅𝔖 lalons 𝔄𝔅𝔇𝔍𝔖 la ou des le n. 𝔄𝔅𝔇
ib'us le n. 𝔍𝔖𝔇•𝔍𝔐𝔅𝔖, folgt: Li dus Ger. de noient ne seiorne Passe
(Passent 𝔄) les terres et des contrees (par ses iornees 𝔅) longues 𝔄𝔅𝔇.

105. -34: Desous les arbres descendirent en l'onbre
= 𝔍𝔖𝔗•𝔍𝔐 Desus 𝔈 dessirent 𝔈 ains 𝔈 ais 𝔓 onbres 𝔓𝔖 folgt: Parlant s'en uont a .ɪ. duc de borgoigne (doutre loingne 𝔐 de coulongne 𝔓𝔖) 𝔇•𝔍𝔐𝔅𝔖 (vgl. Mo. 20424).

106. -529: En lor conpaigne mar iert roncis veus,
Ni a celui nait bon destrier crenu 𝔄𝔅𝔇 Ja ni verrois .ɪ. garcon mauuestu 𝔑 n'iert ja 𝔖 ni ai 𝔗•𝔍 n'ai .ɪ. 𝔅 na il 𝔐 roncin 𝔗•𝔍𝔅𝔐 veu 𝔇•𝔍𝔅 ne mu 𝔐.

107. -30: Mais bons chevax et palefrois et muls
= 𝔖 Et 𝔄𝔅𝔒 riches armes 𝔄𝔅𝔒 palefrois 𝔐 destriers 𝔇ª𝔍𝔅 Aincois cheuauchent 𝔑 bons 𝔑 palefroi 𝔄𝔒 bons destrier 𝔐 crenus 𝔑𝔇ª𝔍𝔅𝔐 ou 𝔒 mul 𝔄𝔒.

108. -34: Et l'aime tant, nuleriens n'aime plus.
Si 𝔖 Or 𝔇ª𝔍𝔅𝔐 plus 𝔐 que riens 𝔖𝔇ª𝔍𝔅𝔐 nen 𝔖𝔇ª naime ele p. 𝔍𝔅 quelle sen 𝔐.

109. -68: Par la foi diu, ce li dist la meschine,
= 𝔖 foi madame 𝔐 163a loi 𝔅 respont 𝔇ª𝔍𝔅𝔐.

110. -69: Grant mervelle est de sel tiegn à folie,
Ce 𝔇ª𝔅𝔐 Tot ce 𝔍 puet 𝔇ª𝔍𝔅 fait 𝔐 torner 𝔇ª𝔅𝔍 trouer 𝔐 le (fehlt 𝔍) siecle a 𝔇ª𝔍𝔅𝔐 meruille 𝔇ª𝔍𝔐 grant meruille 𝔅 fehlt 𝔖.

111. -74: Vous volries ore que jou fuisse fenie.
ia 𝔖 estre or (!) 𝔍 ore fehlt 𝔇ª𝔅𝔐 enfoie 𝔖𝔇ª𝔍𝔅𝔐.

112. -80: Blanche ot la char, con est la flors sor l'erbe,
est le cors 𝔖 comme (com 𝔅) la flor 𝔇ª132d𝔍𝔅𝔐 dosor 𝔅.

113. -83: Jl n'ot plus gente tant con cius dure et tere.
si 𝔖𝔇ª𝔍𝔅𝔐 belle 𝔖𝔐 comme ciex cove 𝔅 en 𝔖𝔐 france n'engleterre 𝔖 treªtoute la 𝔐 com ciaus 𝔍.

114. -98: Sel set vos pères, tranchera vos la teste.
li 𝔖𝔑 tes 𝔇ª𝔍𝔅𝔐 rois 𝔖𝔑 morte et desconfite estes 𝔑 te tolra 𝔖 copera 𝔐 toi 𝔇ª𝔍𝔅𝔐 fehlt 𝔄𝔅𝔒.

115. -615: Qui par son cors ot tante honor en terre,
= 𝔖 Sil me requiert preste sui que (ge 𝔒) le serue 𝔄𝔅𝔒 tant uassal esloigna de sa 𝔑 grant 𝔇ª𝔍𝔅𝔐.

116. -43: Mien escient que grant part i arés.
Que uos aillies (uaingniez 𝔄) tot .m. a li parler 𝔄𝔅𝔒 que fehlt 𝔐 preu vos 𝔖 prou 𝔇ª𝔍𝔅𝔐.

117. -44: Et dist Gerbers: volentiers et de grés.
Gerb. respont 𝔅𝔒 li dus 𝔇ª𝔍𝔅𝔐 tot a sa uolente 𝔄𝔅𝔒 en non de 𝔖 folgt: Que de nouel sui ci a li (vous 𝔒) remez Si doi bien faire toute (quqªs 𝔒) sa uolente Tot maintenant se sont achemine 𝔄𝔅𝔒.

118. -45: Dusqu'en la chambre les a Gerars menés,
= 𝔖 Dedenz 𝔄𝔅𝔒 Jusqu' 𝔇ª𝔍𝔐 Desqu' 𝔅 a 𝔇ª𝔅𝔐 si les a amenes 𝔐 li deus 𝔅.

119. -57: Ains sodoiers en estrange regnes
Onc 𝔇ª autre terre alez 𝔇ª𝔍𝔅𝔐 regne 𝔖 fehlt 𝔑.

120. -59: Dist li dus: dame, vᶜ. mercis et gres
= 𝔐 Fait 𝔑 si com uous commandez 𝔑 vous m. 𝔖 de de 𝔇ª𝔍𝔅.

121. -68: Nous en serions vers le roi encuser.

Qu'an (Que 𝔙) uers le roi ne fussiens (fussies ℑ) 𝔇⋅ℑ𝔙 Chose dont fuisse 𝔈 Que ne fussiens 𝔐 periures 𝔈 encuse 𝔇⋅ℑ𝔙𝔐. — etc.

122. Die angeführten Stellen berechtigen uns also für beide Schreiber von ℑ dieselbe Vorlage χ vorauszusetzen.

§ 6.

123. Nach dem Angeführten stellt sich χ als Quelle von ℑ dar. Es tritt nun die Frage an uns heran: Welche Stellung nimmt ℑ unter den Ausläufern der Hs. χ (𝔜, λ, μ, ν) ein? Bei der Untersuchung dieser Frage kann lediglich der Girbert berücksichtigt werden, da uns 𝔇⋅𝔐⋅𝔜ℨ² nur für diesen Teil überkommen sind, ferner uns von 𝔙 nur die Stelle zur Verfügung steht, welche im »Journal des Savants de Normandie« S. 849 ff. abgedruckt worden ist.

Folgende Stellen sprechen dafür, dass ℑ zu 𝔇⋅𝔙 näher steht als zu ν (𝔜, ℨ², 𝔐⋅ für die ganze Partie nicht vorhanden):

124. Mo. 20448: A ceste fois rous est li rois falis.

= 𝔇⋅ℑ𝔙 a 𝔈𝔐𝔓ℑ Mais c'il povoit au noel tans venir 𝔑 *fehlt* 𝔄 𝔙𝔈𝔇.

125. -51,1: Mais ne sont pas (mies 𝔈𝔐𝔓ℑ) si tres (si poure ℑ) de gent 𝔈𝔐𝔓ℑ) a escheri (tant poure ℑ𝔈 d'e. ℑ n'e. 𝔈) 𝔇⋅𝔈ℑℑ𝔐𝔓ℑ Et cil (Icil 𝔙) est freres Hernaut le Poitevin Or l'a Fro. en (a 𝔙𝔈𝔇) Geronvile usis 𝔄𝔙𝔈𝔇.

126. -57: Et dist li rois: la soie grant mercit,

= 𝔇⋅ℑ127a ℑ𝔈𝔙 n'i poura pas (mi ℑ) faillir 𝔈𝔐𝔓ℑ Anseis l'ot si en fu esbaudiz 𝔄𝔙𝔈𝔇.

127. -58: Preu i ara, n'i porra pas falir.

= 𝔇⋅ℑ𝔙 Pou ℑ la ne peut il 𝔈 se diex plet et je vis 𝔑 Que n'i ait (Qu'il n'i a 𝔐) prou la soie (vostre ℑ) grant merci 𝔈𝔐𝔓ℑ *fehlt* 𝔄𝔙𝔈𝔇.

128. -66,1 (= Victor 67,1): Gent (Si 𝔈𝔐𝔓ℑ) ot le cors et les (le ℑ) menbres (les m. bien 𝔙) seanz 𝔇⋅𝔈ℑℑ𝔐𝔓ℑ.

129. -69: Gerins li quens par l'une maint le prent

Li dux (quens ℑ𝔙 preus 𝔑) G. 𝔇⋅𝔈ℑℑ𝔐𝔓ℑ par une ℑℜ𝔈𝔙 par mi 𝔈𝔐𝔓ℑ As mains le tint (tient 𝔙) dus Otes li vaillanz 𝔄𝔙𝔈𝔇.

130. -70: Otes de Puille le vait au do . . .

les 𝔇⋅𝔈ℑ au dos (amdous 𝔈𝔐𝔓 apres 𝔈) sivant 𝔇⋅𝔈ℑℑ𝔐𝔓𝔈𝔙 Et d'autre part (De l'autre part 𝔓𝔑 D'autre partie 𝔈𝔇) Clarenbaus au cors jent (fu Hugues de Cluvent 𝔑) 𝔄𝔙𝔈𝔑𝔇 *fehlt* ℑ.

131. -72,1: Et la reine les (lor J) pais richement (hautement CMP, l'apella maintenant X) D*EJMPBX.

132. -73: El palais montent tos les degrés errant.

= D*FJ monte B les d. tout S avant X les d. maintenant CMP T. les d. m. (monta BCD) el pavement ABCD *folgen*: Devant le roi sunt venu en presant (estant M) CMPX Girbers li dus au courage vaiilant P.

133. -77,2: Dist li dus (Girbers CMPX) sire je vos an dirai (si vos aiderons J) tant D*CJMPSBX.

134. -78: Gerbert m'apelent cist nostre paisant.

= D*JB li n. JS li petit et li grant CMPX Je sui fiz (Ge fuis D) sire Garin le ABCD ai non filz sui au R Loherant BCRD combatant A.

135. -81: De tote honor ne nous a laissiet tant.

= D*JSB *fehlt* CMPX.

136. -88: Jou m'en issi mult escariëment,

= S Issuz en sui D*132a. Et mainne issi J a e. D*JB a escheri de gent CMPX.

137. -93: Ne secorra ne moi ne vous aven (!)

Ne moi ne vos ne s. D*CJMPSBX ouan D*J poiant CJMPSX avant B *fehlt* ABCD.

138. -94: S'oismes dire que guerre avies grant,

= J127bJB Jo (Si S) oi d. BCDS que vos g. avies gr. S Quant nus oimes g. aviez si gr. D* Et j'oi d. que g. aviez molt gr. A Mais d. oi que avies g. gr. CMPX.

139. -97: Or i parra del chevauchier sovent,

= D*JJ voz penez ABCD de ABCRDB *fehlt* CMPSX.

140. -99: Se dame-dius et droit le vos consent,

li voirs D* au (a J) droit nos (nos J) en RJ a droit le vos B le nos donne CX le donne M le m'otroie P et c. CMPX Et se dieus donne li rois omnipotens S Se dex ce dons par son commandement R Par tanz lor voel mostrer mon hardement ABCD.

141. -500,1: En (A X) grant estor et en (ou M a X Ou a bataille ou a R) tornoiement CMPBX.

142. -5,1: Ne par la foi que je doi mon afant (doi a roiamant X) CMPBX.

143. -7: Dont louerés mil chevaliers un an.

= D*JSB li vereis C livereis P voz tenrez ABCMD vos tenrois R soldoiers S par an CMPX .XII. anz R.

144. -8,1: Si li commande et li dist en oiant (riant D) ABC118dD Si li a dit entendeis mon sanblant (commant M) CMPX.

145. -10: Desus le rin, ou sunt li Venissant.

Desor D*CJPB Desoz M la rive CPX en J la ou sont CMPX Neusant D* Nuisiant J Nuisant B mieus seant J li Voisant M li (la no 𝔅) vo gent 𝔈𝔉𝔓𝔛 Si les i faites osteler richemant 𝔄𝔅𝔈𝔒 En riche bore soient li ostel pris 𝔑 *fehlt* 𝔖.

146. -13: Lors dist as contes: signor, venés vous ent!
= 𝔖 Il 𝔇•𝔍𝔅 Et 𝔍 Puis 𝔈𝔐𝔓𝔛 aleis 𝔈 avant 𝔙𝔛 Gerbert en mainne et Gerin le vaillant (ensement 𝔅) 𝔄𝔅54e𝔈𝔒 *fehlt* 𝔑.

Besonders folgende Stellen, in denen 𝔇•𝔍𝔅 eine isolirte Lesart bieten:

147. Mo. 20441: Mult fu li rois coreçous et maris.
= 𝔈𝔉𝔖𝔛 correciez 𝔇•𝔍𝔅 et pansis 𝔐𝔓 ert li rois dolanz et entrepris 𝔄𝔅𝔈𝔒.

148. -49: D'outre Geronde, du chastel de Belin
= 𝔈𝔉𝔐𝔓𝔈𝔛 un ch. 𝔇•𝔍𝔅 *fehlt* 𝔄𝔅𝔈𝔑𝔒.

149. -53: As beles armes et as chevaus de pris
= 𝔈𝔐𝔓𝔛 A 𝔖𝔑 et a 𝔉𝔖 destriers de p. 𝔉 a. as (a 𝔅) 𝔇•𝔍𝔅 Et si ont tuit (il 𝔅𝔈𝔒) bons 𝔄𝔅𝔈𝔒 destriers arrabis 𝔄𝔅𝔈𝔒•𝔍𝔒𝔅.

150. -59: A ces paroles es uous Gerbers ou vint.
= 𝔈𝔉𝔐𝔓𝔈𝔛 Es vos G. a ces p. vint 𝔇•𝔍𝔅 Atant es voz et Gerbert et Gerin (le Loherenc qui vint 𝔑) 𝔄𝔅𝔈𝔑𝔒.

151. -62: Là veissiés tant riche garnement
= 𝔄𝔅𝔈𝔉𝔑𝔖 maint 𝔇•𝔍𝔅 garnimens 𝔈𝔐𝔒𝔓𝔛.

152. -98: Des grans batailles et des tornoiemens,
= 𝔍 Et des 𝔇•𝔍𝔅 Et en bataille et en estor pesant 𝔈𝔐𝔓 De jostes (joste 𝔅) faire et d'envausement (d'envaissement 𝔅𝔈𝔒) 𝔄𝔅𝔈𝔒 Quant cuiderois que nos soiens seanz 𝔑 *fehlt* 𝔈𝔛.

153. -573: Que dolente estes que j'ai el cors la vie,
Que *fehlt* 𝔖𝔇•𝔍𝔅𝔐 Dolante en 𝔇•𝔍𝔅 quant iai 𝔇•𝔍𝔅.

154. -90: Beatris fille, mult savons de vostre estre,
Par ma foi fille ie sai bien que vos estes 𝔑 Fille 𝔄𝔅𝔒 fait 𝔄 dist 𝔅𝔒 elle ie sai 𝔄𝔅𝔒 bien 𝔄𝔒 molt 𝔅 tot 𝔄 bien 𝔅 com 𝔇•𝔍𝔅 or 𝔐 uos e. 𝔖𝔇•𝔍.

155. -96: Ja n'a il plus fors l'auberc et son elme
Qui rien nen a fors (f. *fehlt* 𝔒) que cheual et (ou que 𝔒) selle 𝔄𝔅𝔒 Que son cheual na il en ceste terre 𝔑 mais 𝔇•𝔍𝔅 ke 𝔖 sol son 𝔇•𝔍 fors son 𝔑 son 𝔐 et liaume 𝔇• et e. 𝔍 et ke e. 𝔈 et s'e. 𝔅.

156. -633: Se j'en ai ce qu'en convenant m'avés,
ie 𝔖𝔐 ie en 𝔇•𝔍𝔅 ce ai 𝔐 que 𝔈𝔅𝔐 uos a dit aue 𝔐 couant 𝔇•𝔍𝔅.

157. -46: Il s'en retorne et cil sunt demouret.
Cil 𝔑 repaire 𝔖𝔇•𝔍𝔅 quant 𝔖 qui 𝔑 les 𝔑 il 𝔇•𝔍𝔅 i 𝔇•𝔍𝔑𝔅 ot 𝔑 ens entre 𝔖 menez 𝔑 entre 𝔇•𝔍𝔅 *fehlt* 𝔐.

158. -55: Et de mon cors totes vos volentés,
De m. c. faites 𝔇·𝔍𝔅 c. feres vo 𝔖 a vostre 𝔇· totes 𝔍 volente 𝔖𝔇· *fehlt* 𝔑𝔐.

159. -59: Dist li dus: dame, .v^c. mercis et gres
= 𝔐 Fait 𝔑 si com uous commandez 𝔑 vous m. 𝔖 de de 𝔇·𝔍𝔅.

160. -65: En grans batailles et en estors champés
Ou en 𝔑 grant 𝔇·𝔍𝔅 bataille 𝔇·𝔍𝔑𝔅 on 𝔑 estor champs 𝔇·𝔍𝔑𝔅 *fehlt* 𝔖𝔐 *folgt etc.*

161. -67: Car nel feroie por les menbres coper,
no 𝔐 p. quankes 𝔖 quanque 𝔇·𝔍163b𝔅 quanque que 𝔐 nos aues 𝔇·𝔍𝔖𝔅𝔑.

162. -68: Nous en serions vers le roi encuser.
Qu'an (Que 𝔅) uers le roi ne fussiens (fussies 𝔍) 𝔇·𝔍𝔅 Chose dont fuisse 𝔖 Que ne fussiens 𝔐 periures 𝔖 encuse 𝔇·𝔍𝔅𝔐.

163. -711: Mult savés bien par engien guerroier,
= 𝔐 Vos 𝔇·𝔍𝔅 *fehlt* 𝔄𝔅𝔇𝔖.

164. -17: De la chambre ist s'i demandé congiet,
= 𝔐 s'a 𝔇·𝔍𝔅.

165. Es kann also *v* nicht die Quelle von 𝔍 gewesen sein

§ 7.

166. Es ist nun das Verhältnis von 𝔍, 𝔜, λ, μ festzustellen. Eine Vergleichung von λ, μ, 𝔍 spricht offenbar zu Gunsten des ersteren. Im folgenden verzeichnen wir Stellen, in denen eine gemeinsame Lesart von 𝔇·𝔍 einer isolierten von 𝔐·𝔍² gegenübersteht (vgl. Vietor Anl. VIII. S. 94 ff.):

167. 90: Le blanc haberc li dexire et desmant,
 91: Permi les listes le desront et porfant,
90. 91 *umgestellt* 𝔇·𝔍𝔖. — 90. = 𝔐· desmaille 𝔅𝔊𝔇·𝔈𝔉𝔍𝔒𝔓𝔖𝔛 L'escu li perche et l'a. li d. 𝔄· Fors fu l'aubers que mailles n'en d. 𝔍𝔑. — 91. = 𝔐· Deseur la boucle 𝔖 Por la lite 𝔍 li percoie 𝔇·𝔉𝔍𝔖 Enpent le bien cil se tient roidemant (et il se tint forment) 𝔍𝔑 *fehlt* 𝔄·𝔅𝔊𝔈𝔓𝔛.

168. 97: Lor se parti Fromd. de Bausant.
= 𝔐· Dont 𝔇·𝔈𝔉𝔍𝔓𝔖𝔛 trebucha 𝔈𝔓𝔛 dou 𝔓 Le jor 𝔄·𝔅𝔊𝔍𝔑𝔒 perdi F. le b. 𝔑.

169. 99: Puis li revint li cors an trespessant.
 100: Enverseit l'ait a terre maintenant;
99. = 𝔐· Il 𝔖 retrait (retrest 𝔉𝔖) del 𝔈𝔉𝔓𝔖𝔛 L'espie li traist del 𝔇· Puis li a trait do 𝔍 Li dux le vit (Voit le li dus) cele part vint

poignant 𝔐 Gerb. en fu baus et lies et joians 𝔄ₐ𝔅𝔊𝔇. — 100. Si l'a
gite (laissie 𝔈) 𝔇ₐ𝔉𝔍𝔖 Si le getai 𝔈𝔓𝔛 un t. 𝔐ₐ a la t. gisant 𝔉𝔍𝔖
Il li trestorne Flori demaintenant 𝔄ₐ𝔅𝔊𝔇 *fehlt* 𝔍𝔐.

170. 103: A soi lou tire, tot contremont l'estant;
      104: Il li tranchast la teste maintenant,

103. = 𝔐ₐ lou trait (trast 𝔍) 𝔇ₐ𝔈𝔉𝔍𝔓𝔛 en c. 𝔈𝔉𝔍𝔓 a c. 𝔛 s'e. 𝔇ₐ
Il trait les (tr. l'espee au 𝔊) puig d'or reluisant 𝔅𝔊 *fehlt* 𝔄𝔍𝔐𝔒. — 104. =
𝔐ₐ Ja 𝔄ₐ𝔅𝔇ₐ𝔈𝔉𝔍𝔍𝔑𝔓𝔖𝔛 en preist 𝔄ₐ𝔅𝔊 toat errant 𝔄ₐ le chief
demaintenant 𝔅 l'eust mort sans nul demorement 𝔍 eust donne son
paiement 𝔑 *fehlt* 𝔇 *folgt etc.*

171. 108: Per Deu! Gerb., or vos vait mallemant.
      109: Vos i laireis vos millor garnemant.

108. = 𝔈𝔐ₐ𝔓𝔛 il vos 𝔇ₐ𝔉𝔍𝔖 Et trait l'espee vers lui an vint poig-
nant 𝔍 Dieu reclama le gloriex poissant 𝔑. — 109. = 𝔐ₐ Li blans
Floris nos portera trop lunt 𝔈𝔓𝔛 Glorious peres (P. piteus) per ton
comandemant 𝔍𝔑 *fehlt* 𝔇ₐ𝔉𝔍𝔖 *folgen etc.*

172. 111: Il redresait son hiame per devant,

= 𝔐ₐ𝔖 J. relasa 𝔍 de d. 𝔇ₐ𝔉𝔍 Mort ont mon pere moi feront ausi-
mant (ensement) 𝔍𝔑107c *folgen etc.*

173. 116: Tendit sa main, si lou prant maintenant.

= 𝔐ₐ par la resne lou prant 𝔇ₐ𝔈𝔉𝔍176d𝔓𝔖𝔛 *fehlt* 𝔍𝔑𝔖 *folgen etc.*

174. 124: Dieus reclamait, lou verai roemant;

Dieu r. si se seigna avant (devant 𝔉𝔖 atant 𝔈𝔓𝔛) 𝔇ₐ𝔈𝔉𝔍𝔓𝔈𝔛.

175. 131: [Li] dus l'oït, ne se vait esmaiant,
      132: Bausant guerpit, qu'ot conquis voiremant

181. = 𝔐ₐ l'entant 𝔇ₐ𝔉𝔍𝔖 molt 𝔇ₐ𝔉𝔍 ti s'en 𝔈𝔓𝔖𝔛 le voit
esloignier (esloignie) de sa gent 𝔍𝔑 malement 𝔍. — 132. guenchit 𝔛
qu'il 𝔇ₐ𝔈𝔉𝔍𝔓𝔈𝔛 pormene tant 𝔇ₐ𝔈𝔓𝔈𝔛 premierement 𝔉138d𝔍 *fehlt* 𝔍𝔑.

176. 155: Qu'ains n'i moillait les oreilles devant.

= 𝔇ₐ𝔈𝔐ₐ𝔓𝔛 Onc 𝔉 m. nes loreille 𝔖 Que poign n'en moillent li
arcons per d. 𝔍 Que n'i moilla 𝔍𝔑 le musel de d. 𝔍 onques l'auoe
d. 𝔑 *fehlt* 𝔄ₐ𝔅𝔊 *folgt*: De l'autre part en la place (a la rive 𝔇ₐ𝔖 sor
la rive 𝔄ₐ a rive si 𝔉𝔍) descent (ou grant gravier 𝔍𝔑 le 𝔍 se 𝔑 prent
𝔍𝔑) 𝔄ₐ𝔅𝔊𝔇ₐ𝔉𝔍𝔑𝔖.

177. 157: Floris li noe et l'ague li treverse

= 𝔐ₐ Et F. noue 𝔈𝔓 que liave 𝔈𝔓𝔛 que (qui 𝔍) loire 𝔇ₐ𝔉𝔍𝔖 tres-
passe 𝔉.

178. 170: Si m'aportait si boins chivas honestes.

= 𝔐ₐ m'enp. 𝔈𝔉𝔍𝔓𝔖 cis 𝔈𝔓 ciet 𝔇ₐ𝔉𝔍 chils 𝔖 dous 𝔍 destriers
𝔗ₐ Ocis m'euissent ne fust Floris li blans 𝔄ₐ𝔅𝔊 *fehlt* 𝔛.

179. 172: Per matalant son signor an apelle:
      173: Sire! fait elle, mout per deveis liés estre,
      174: Quant traïson an vostre cort a fete

175: Fro. li viels a la chanue teste;
176: Il et Gll. de Monclin et lor geste

172. = 𝔐ª ala (en ala 𝔖) lou roi requerre (querre 𝔖) 𝔇ª𝔈𝔉𝔍𝔓𝔖𝔛. —
173. = 𝔐ª dist 𝔇ª𝔉𝔍𝔖 m. puis (puis ore 𝔍) dolente 𝔉𝔍 m. dolente puis 𝔖 p. devroi iruee 𝔇ª Dist la roine m. (bien 𝔓) d. (douie 𝔛) dolans e. 𝔈𝔓𝔛. — 174. 175 *umgestellt* 𝔇ª𝔉𝔍𝔈𝔖𝔛. — 174. Qui 𝔇ª𝔉𝔍𝔓𝔖 Que 𝔈𝔛 t. a. en v. c. f. 𝔇ª𝔉𝔍𝔖 C'an v. c. t. vi ge faire 𝔐ª. — 175. = 𝔐ª Dou viel Fro. 𝔇ª149a𝔈𝔉𝔍𝔓𝔖𝔛101b. — 174. = 𝔐ª *fehlt* 𝔇ª𝔈𝔉𝔍𝔓𝔖𝔛.

180. 189: S'a vostre cort n'en puis hui vengiee estre.
181. 190: A viel From. fut dite la novelle

189. = 𝔐ª S'en 𝔇ª𝔉𝔖 Sans 𝔍 Se vostres cors ne puet hui vengies estre 𝔈𝔓𝔛. — 190. = 𝔐ª Li viauz F. 𝔇ª𝔈𝔉𝔍𝔓𝔖𝔛 en antant 𝔇ª𝔉𝔍 entandi 𝔖 a oi 𝔈𝔓𝔛 les 𝔛.

182. 200: De la cort pairt, ne dignet congié querre.

= 𝔐ª𝔓𝔖113c deigna 𝔇ª𝔉𝔍 panre 𝔈 De la vile issent arme (rengie 𝔈) et fervesti 𝔄ª𝔅𝔈.

§ 8.

183. Eine Vergleichung 𝔇ª𝔍𝔜 lehrt, dass unsere Hs. in einem engeren Connex zu λ steht (das durch 𝔇ª repräsentiert wird, da 𝔅 für den von 𝔜 gebotenen Teil nicht vorliegt) als zu 𝔜; es geht dies zur Genüge aus folgenden Stellen hervor (vgl. Stengel: Rom. Studien IV. 548, 3, 6) ff., ferner Vietor: Anl. 5, S. 61 ff.):

184. (Stengel S. 548, 3, 8), 𝔜 3) Al (Par 𝔇ª𝔈¹𝔉¹𝔍¹𝔐¹𝔓¹𝔒¹𝔖𝔜)) matin (main se 𝔖) lieuent (lieue 𝔒¹) meschines (et dames 𝔈¹𝔐¹𝔓 chealier 𝔒¹ baceler 𝔜) et pucelles 𝔄𝔇ª𝔈¹𝔉¹𝔍¹𝔐¹𝔒¹𝔓¹𝔒¹𝔖𝔜.

185. (Stengel S. 548, 3, 10), 𝔜 5) Souent (S'aucuns 𝔜) sospire chetiz en autre terre (sospirent chetif en autres terres 𝔉¹) 𝔄𝔅𝔈𝔇ª𝔈¹𝔉¹ 𝔐¹𝔒¹𝔓¹𝔒¹𝔖𝔜.

186. 𝔜 14: Devant sa gent estut en son estage.

En (𝔄𝔈𝔇ª𝔉𝔍𝔒) l'aleor (la loi 𝔉) de l'ancien 𝔈𝔇ª𝔉𝔍𝔒𝔒𝔖 Dedans la tor en son plus maistre 𝔈𝔐𝔓𝔛 Sus le palais du tens anciennage 𝔐 *fehlt* 𝔅 *folgt*: Li vieuz Fro. se drece (lieue 𝔍 v. se d. amont 𝔖) en son estage (se levai en son estre 𝔈𝔐𝔓𝔛) 𝔈𝔇ª𝔈𝔉𝔍𝔐𝔒𝔓𝔒𝔖𝔛.

187. 𝔜 23: Le cors ot gent et apiert le visage.

G. ot (a 𝔖) le c. 𝔄𝔅𝔈𝔇ª𝔈𝔉𝔍𝔐𝔒𝔓𝔒𝔖𝔛 c ap. 𝔈𝔛 et bien fait 𝔖 *folgen*: Vairs (Et 𝔖) ot les iauz 𝔇ª𝔈𝔉𝔍𝔐𝔓𝔒𝔖 et out (moult 𝔐𝔓) clere la fasse 𝔈𝔐𝔓 dont (toz 𝔇ª𝔍) li (vairs tous) vis li esclaire 𝔇ª𝔍𝔒𝔖 Gros ot lou piz et larges par (fut 𝔓) espaules (lés e. l. 𝔒𝔖 grailes par corsage 𝔐) 𝔇ª𝔈𝔉𝔍𝔐𝔓𝔒𝔖.

188. 𝔜 27: N'ot si biel prince el mont de son éage.

N'i ot 𝔄 plus b. 𝔄𝔈𝔐𝔓𝔒𝔖𝔛 de lui 𝔄 home a 𝔐𝔛 sos ciel 𝔅𝔊𝔇*𝔍 𝔍𝔒𝔒𝔖 en la cort 𝔊𝔓𝔛 leans 𝔐 en son 𝔒 age 𝔊𝔐𝔓𝔛 *folgt* (*mit* 27. *umgestellt* 𝔑): Ja (Il 𝔄𝔇*𝔍) parlera (a parle 𝔄) a loi d'ome (d'enfant 𝔖) molt (bien 𝔄 a la loi d'o. [d'anfant 𝔇*𝔍𝔍] 𝔇*𝔊𝔍𝔍𝔐𝔓𝔒𝔍) sage 𝔄𝔅𝔊𝔇*𝔊 𝔍𝔍𝔐𝔒𝔓𝔒𝔖𝔛.

189. 𝔜 33: Mande tes homes de fief et ton lignage.

Et par la terre 𝔅 *fehlt* 𝔄𝔊𝔇*𝔊𝔍𝔍𝔐𝔒𝔓𝔒𝔖𝔛.

190. 𝔜 34: Après si prant et vallés et messages.

Et par les terres 𝔅51c Enprez (Apres 𝔍) les trives 𝔊𝔇*𝔊𝔍𝔍𝔐𝔒𝔓𝔖 Apres la crire 𝔛 Par le pais 𝔒 envoie tes 𝔅𝔊𝔇*𝔊𝔍𝔍𝔐𝔒𝔓𝔒𝔖𝔛 *fehlt* 𝔄.

191. 𝔜 35: Par totes terres mande la baronnalle.

envoie tes messages 𝔄160a *fehlt* 𝔅𝔊𝔇*𝔊𝔍𝔍𝔐𝔒𝔓𝔒𝔖𝔛.

192. 𝔜 58: Cil empliscent et les nés et les barges

engarnisent 𝔄𝔅𝔊𝔇*𝔍𝔍𝔒 les pors et 𝔄𝔅𝔊𝔇 le rivage 𝔄 les passages 𝔅 𝔊𝔇 *fehlt* 𝔊𝔐𝔓𝔒𝔖𝔛.

193. 𝔜 59: Par haute mer se governent et nagent

= 𝔅𝔊𝔊𝔍𝔐𝔒𝔓𝔒𝔛 En 𝔄 s'en 𝔇*𝔍 en monterent 𝔄 *fehlt* 𝔖.

194. 𝔜 69,1: As blans hauberz as verz (et as 𝔒𝔖) helmes brunis 𝔇*𝔍𝔍𝔒𝔖.

195. Stengel: Roman. Stud. 549, IV. 2) (𝔜 100,1): Et il meimes a sa gent (ses ienz 𝔄𝔅 Et son parnige et lors g. 𝔒¹) asanblee (asamblees 𝔄𝔅𝔊¹ auneie 𝔊¹𝔐¹𝔓¹) 𝔄𝔅𝔊𝔇*𝔊¹𝔍¹𝔍¹𝔐¹𝔒¹𝔓¹𝔒¹𝔖𝔛¹ Que tuit vinrent a parent et a frere 𝔑.

196. Stengel: Rom. Stud. 549, IV. 5) (𝔜 103): D'aubers et d'iaumes (armes 𝔇*𝔍¹148c) et de tentes (lances 𝔊¹𝔐¹𝔓¹) lcuees 𝔊𝔇*𝔊¹ 𝔍¹𝔍¹𝔐¹𝔒¹𝔓¹𝔒¹𝔖𝔜 Cil ra sa gent conduite et amence 𝔑.

197. 𝔜 167: Les barbakanes de vert marbre listé

= 𝔊𝔐𝔓𝔒𝔖𝔛 fin m. 𝔄𝔅𝔊𝔑 blanc m. 𝔇*𝔍 grant m. 𝔍 *folgt*: Hautes et droites (roides 𝔐𝔓) ja greignors (millors 𝔊) ne verrez 𝔇*𝔊𝔍𝔍𝔐𝔓𝔒𝔖.

198. 𝔜 172: Qu'à Gerbers vient de sa bonne cité.

= 𝔄 Qui 𝔍𝔒 Quant G. v. en (a 𝔐𝔛) la 𝔊𝔐𝔓𝔛 vienent 𝔅𝔇*𝔍𝔒 donent 𝔊 b. ferte 𝔇*𝔍 du chastel alose 𝔒

199. 𝔜 194: Qui ot .vii. fils damoisiax adoubés

= 𝔊𝔐𝔓𝔛 de novel a. 𝔇*𝔍𝔍𝔑 hardiz et alosez 𝔄 .xxii. fiuz ot 𝔊 de moillier enjenres (espousez) 𝔅𝔊 *folgen*: Do li veneres qui fu preus et senez Et Mauvoizins .I. damoises loez .XVII. ans ot Mauvoisins li bers 𝔑 Devant ex (ceax 𝔐) font les (lor 𝔇*𝔍 le 𝔊𝔛 .I. 𝔐) jugleors (-r 𝔊𝔇*𝔍 𝔐𝔛) chanter 𝔄𝔅𝔊𝔇*𝔊𝔍𝔍𝔐𝔓𝔛 Rotes et harpes et vieles soner Dius quel deduit qui le (se 𝔊𝔐𝔓 lor 𝔍) peust mener 𝔄𝔅𝔊𝔇*𝔊𝔍𝔍𝔐𝔓.

200. Vgl. ausserdem noch: 𝔜 37, 39, 40, 42, 43, 44, 47, 48, 50, 63, 72, 73, 75, 76, 77, 78, 79, 82, 83, 85, 88, 89, 90,

91, 92, 93, 98, 99, 101, -2, -6, -7, -9, -10, -25, -28, -33, -36, -43, -45, -46, -47, -49, -51, -52, -68, -71, -87, -93, -97, -98, 202, -3.

§ 9.

201. Wir sind nunmehr berechtigt λ^1) als die Quelle von 𝔍 anzusehen.

202. Es erübrigt noch festzustellen, welcher der ebenfalls auf λ beruhenden Hss. 𝔗ª und 𝔅 die Hs. 𝔍 am nächsten steht, und ob ein neben- oder übergeordnetes Verhältnis zwischen jenen drei Hss. vorhanden ist. Folgende Stellen sprechen dafür, dass 𝔍 zu 𝔗ª näher steht als zu 𝔅, dass also für 𝔍𝔗ª wiederum eine gemeinsame Quelle (λ^1) anzunehmen ist:

203. Mo. 20436: Repairiés ert d'outre l'eaue dou Ring.

fu 𝔗ª𝔈𝔉𝔍𝔐𝔓𝔖 Si repaira 𝔛 Trespassee ot (Trespasse ont 𝔊𝔒) la grant 𝔄𝔊𝔒 devers l'oire d'un pin 𝔅 En son palais qui fu granz et antis 𝔑.

204. -40: Mil de ses homes et ambe .ıı. ses fis.

= 𝔇ª𝔈𝔉𝔍𝔐𝔓𝔈𝔛 Et toz ses 𝔄𝔅𝔊𝔒 si fil 𝔈 ocis 𝔅.

205. -93: Ne secorra ne moi ne vous aven (!)

Ne moi ne vos ne s. 𝔇ª𝔈𝔉𝔍𝔐𝔓𝔈𝔅𝔛 ouan 𝔇ª𝔍 noiant 𝔈𝔉𝔐𝔓𝔖𝔛 avant 𝔅 *fehlt* 𝔄𝔅𝔊𝔒.

206. -516: A son ostel vint Gerbers, si descent.

= 𝔇ª𝔈𝔉𝔍𝔐𝔓𝔈𝔛 *fehlt* 𝔑𝔅.

207. -29: En lor conpaigne mar iert roncis veüs.

Ni a celui n'ait bon destrier crenu 𝔄𝔅𝔒 Ja ni verrois .I. garcon mauuestu 𝔑 n'iert ja 𝔈 ni ai 𝔇ª𝔍 n'ai .I. 𝔅 n'a il 𝔐 roncin 𝔇ª𝔍𝔅𝔐 veu 𝔇ª𝔍𝔅 ne mu 𝔐.

208. -83: Il n'ot plus gente tant con cius dure et tere.

si 𝔗ª𝔍𝔐𝔈𝔅 belle 𝔐𝔈 comme ciex cove 𝔅 en 𝔈𝔐 france n'engleterre 𝔈 trestoute la 𝔐 com ciaus 𝔇ª𝔍.

209. -610: Ja n'i verriés chandoille ardoir ne cierge.

Si ne 𝔄 Ne 𝔅𝔒 Vous 𝔑 uerres 𝔇ª𝔍𝔅 aies 𝔐 ne clarte 𝔄𝔅𝔒 ardre 𝔇ª𝔍 ne lanterne 𝔐 luiserne 𝔄𝔅𝔒𝔑 *fehlt* 𝔈.

210. -47: Voile la dame, ses asist les alés.

= 𝔈 Et la roine 𝔐 les 𝔗ª𝔍 les 𝔙𝔐 lis 𝔑.

---

1) Vgl. Vietor l. c. S. 32.

211. -49: Devers Gerbert a tol son cuer tornet
= B Envers ⱪ cors D*J uis M.
212. -93: Dist la roïne: une fois ne baisiés.
-94: Li dus respont: dame, mult volentiers
93. = SD*M c'une J *fehlt* B. — 94. Respont li dus madame SD*J Et dist Gir. par ma foi M *fehlt* B.
213. -700: Que ja vers li ne se fust plus gaitiés
Jamais li dus ne s'en feist proier SD*JB *fehlt* M *folgt*: Mal de la busche qui ens ou fu se siet Quant ou la soufle se ele n'esprent nient Tot por le duc vos ai ice traitie Eschaufes fu, sa coraige changie B.
214. Vgl. ferner: cf. Mo. 20442, -52,1, -53, -60, -67, -73, -81, -86, -97, -501, -13, -15, -19, -21, -22, -28, -38, -41, -65, -76, -78, -79, -80, -90, -94, -604, -14, -17, -21, -30, -32, -37, -45, -56, -62, -66, -76, -78, -86, -89, -703, -6, -7, -18.

Für die gegenseitige Unabhängigkeit von D*J stehen ein:
215. Mo. 20503: Nus chevaliers ne set à vos noient.
= J Car M n'en SB s. vers JPB ch. vers vos ne vaut (seit CM) n. D*CM Sire Gibert bien soiez vos vignant N *fehlt* L.
216. -15: Li rois meisme le convoia forment.
= JJMP convoie CP joiant D*S Et li r. l'a convoiet longement B *folgt*: Fors dou palais lou braz au col tenant D* *fehlt* N.
217. -32: Mal est baillie, se l'amour n'a del duc.
= D*SB Andex se painnent AB Chascune peine D de l'amistie au ABO n'a l'amor M *folgt* J.
218. -91: De vos me vient mult malvaisse novele.
= M Dite m'en est mainte male (dure A) ABO nos D*J uienent D*JSB sunt uenu N vilaines D*SB males N mauuaises J noveles D*JSB.
219. -697: Tot son coraige a fait le duc çangier.
eust J163c au D*JMSB changie J.
220. -702: Sa bele file estoit en un vergiet
= SM Et la pucelle fu auul el A170oBD vergier ABDD*B solier J.
221. Vgl. ferner: Mo. 20444, -46, -80, -81, -89, -94, -506, -10, -18, -27, -46, -54, -59, -71, -79, -601, -19, -48, -55.

§ 10.

222. Fassen wir im Wesentlichen das Ergebnis vorstehender Untersuchung zusammen, so erhalten wir: Die Hs. J ist von zwei Copisten angefertigt worden; die zweite Hand beginnt

mit f° 57 r° 1; beide Schreiber haben dieselbe Vorlage benutzt; [die Hs. gehört zu den Doppeltexthandschriften][1]); sie geht mit 𝔇• auf eine gemeinsame Quelle λ^1 zurück, die ihrerseits mit 𝔅 auf λ beruht. Folgende Figur veranschaulicht demnach die Stellung von ℑ:

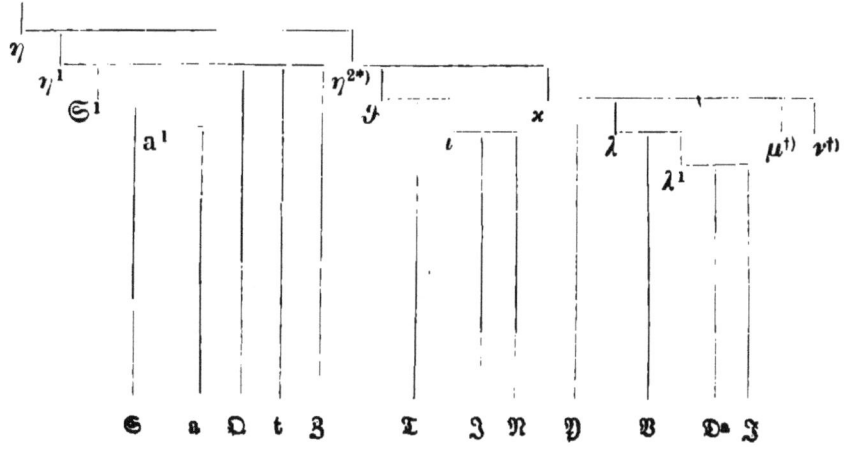

1) Vgl. Vietor l. c. § 3 und Anl. 4, S. 58.
*) Vgl. § 5 Abschn. 97.
†) Vgl. Vietor l. c. S. 32.

Anlage I.

Varianten J 145. 146d12 ff., J¹ 147c4 ff. von ₢ (Rom. St. 547,27 ff.).
— Vgl. Vietor 1. c. S. 58,5).
27. Li loh. J As loherans ont B. J¹ as a (!) boriois J. — 28. = J ch. au mati et a uespre J¹ *folgt*: Li dus .Gir. les conduist et chaele J¹.
— 29. = JJ¹ *folgt*: Fierent et ardent et destruirent la terre J¹. —
30. M. il trestuit J nont mais JJ¹. — 1. = J Cest gironuile qui J¹.
— 2. = J Car J¹. — 3. = J cest li pais J¹ *folgen*: Quant ele clot si est en pais la terre JJ¹ Ce fu en mai que prime uoire germe Et oisel chantent au matin et au uespre Li roicignors la mauuis et la uiele Tote decors se drece sor la terre Par matin lieuent meschines et puceles Vont flors de rose et prime uoire querre Souant sospire chaitis en autre terre J¹. — 4. = J uiax J¹ n'oblie pas sa guerre J¹. — 5. = J M. ses gens de partoute sa terre J¹. — 6. estrainge terre J *fehlt* J¹. —
7. XIIII as ermes J¹ as armes J. — 8. terre J *fehlt* J¹ *folgen*: Assanble sunt a .1. ior a bordeles I) Ce dist la geste ce fu a .1. feste II) Fro. croist ce que .frod. li dist III) Par le consoil que si home li dient IV) 1) Li uiaus .fro. a ses grans oz mandeez 2) Et il meismes a sa gent assanblee 3) C. M. furent as uuntailles fremees 4) De totes pars fu la terre puplee 5) Daubers et darmes et de tantes leueez 6) De cheualiers et de gens bien armees 7) Et .fro. iure ih'u de galilee 8) Nen tornerai por noif ne por gelee 9) Se par bataille nen sunt sa gent ostee 10) Si ert la grans tors sadeual crauentee 11) Qui si siet droit sor la roche quarree 12) Cayns la fist il et abiaus ses freres 13) Del tot i uient li uiax traitres leres 14) Dex les confonde et marie sa mere 15) Ne la penroit ne rois ne enpereres J¹. — 9. = J uausel f. J¹. — 10. fu J haute et parfonde et l. J¹. — 11.—19. *umgestellt zu*: 19. 18 (+ 1 Z.) 13 (+ 1 Z.) 14. 11. 12 (+ 13 Z.) 15. 16 (+ 1 Z.) *fehlt* 17 J¹. — 11. Selue m. l. fores honoree JJ¹. — 12. Nest loing del bois que demie l. J¹ 1. a une grant ... J *folgen*: 1) Entre la mer et gironde la lee 2) El for del eues fu la forest ramee 3) Que tint de lonc iusqua .XV. luees 4) La uenisons qui est ens engaudee 5) Nen set issir quant ele i est entree 6) La fu .Gir. a la chiere membree 7) Li quens .Ge. et .h. ses freres 8) Et mauuoisins il et doz li uencrez 9) Gaides et poinces et .t. lor bonz perez 10) dauis li uiax a la chiere membree 11) Qui ot .VII. fiz de sa fame esposee 12) Chacier i uont au soir a matinee 15) La uenison quant il li ont trouee J¹. — 13. ne sunt pas esgaree J¹. enfermee J. — 14. Si uont chacier J¹ le cerf J en la ramee J¹. — 15. Si ie m. la gent J Si la J¹ a l. J¹. — 16. = J de lost enflairent J¹. — 17. et ciseil fu c. J *fehlt* J¹. — 18. Au pie J Dautre part bat au mur J¹. —
19. = J Dautre part ... la G. auironee J¹. — 20. L. uiax J 20—30 *fehlen* J¹. — 21. Ses gens J sa sa grant o. maudee J. — 22. asiet J

p. sa fiere ℑ. — 23. planee ℑ. — 24. = ℑ. — 25. cest uerites ℑ. — 26. paree ℑ. — 27. = ℑ. — 28. La ℑ et do. li ℑ. — 29. dus ℑ bien ℑ. — 30. = ℑ *folgen*: Gironuile est fermee en .l. uaucel *etc.* ℑ¹. — 1. = ℑℑ¹. — 2. = ℑ¹ Soz ℑ. — 3. salee li bat ℑ desor ℑ Laiens auoit maint riche poigneor ℑ¹. — 4. oi sort (!) ℑ Contes et princes demoines uauassors ℑ¹ *folgt*: Qui de .Gir. tenoient lor honors ℑ¹. — 5. uiax ℑ Fro. lor mist le siege p. v. ℑ¹. — 6. et metre en grant d. ℑ De maintes terre mand (!) angigigneors (!) ℑ¹. —. 7. le uerai creator ℑ *fehlt* ℑ¹. — 8. Ja nen aura nul pooir a n. j. ℑ *fehlt* ℑ¹. — 9. *fehlt* ℑℑ¹.

Anlage II.

Varianten 𝔇ᵃℑℑ¹ von 𝔜 (Rochambeau). Vgl. Vietor: Anlage 5 (S. 61 ff.) und Stengel: Rom. Stud. IV. 548, 3, I ff.

1. = 𝔇ᵃ117b24ℑ¹147c16. (Rom. Stud. IV. 548, 3, I 6). 1—5 *fehlt* ℑ. — 2. (548, 3, I 7.) Tote 𝔇ᵃℑ¹ redescent 𝔇ᵃ se drece ℑ¹. — 3. (548, 3, I 8) meschines 𝔇ᵃℑ¹. — 4. (548, 3, I 9). = 𝔇ᵃℑ¹. — 5. (548, 3, I, 10) Souant 𝔇ᵃℑ¹. — 6. (548, 4) = ℑ¹ n'oblia 𝔇ᵃ li cuens .fro. le prent forment acertes ℑ145d20. — 7. (548, 5) Mande ℑ ses homes 𝔇ᵃ ses gens ℑ¹ g. a force et a poeste ℑ *folgt*: (548, 6) Et sodoiers qui sunt d'estrainge terre ℑ. — 8. (548, 7) plus de xx. M. ℑ as ℑℑ¹ armes 𝔇ᵃ117cℑ ermes ℑ¹ *folgt*: (548, 8) Ses sieges met et lor destruit lor terre ℑ. — 9. (548, 8.1)) = 𝔇ᵃℑ¹. — 9—113 *fehlt* ℑ. — 10. (548, 8. 3)) Fr. lor plaint son damage et s. p. 𝔇ᵃ *fehlt* ℑ¹. 11. ce fu a une 𝔇ᵃℑ¹ pasque 𝔇ᵃ feste ℑ¹. — 12. d'auril 𝔇ᵃ germe ℑ¹. — 13. = ℑ¹ an B. 𝔇ᵃ. — 14. A l'aleor de l'ancien 𝔇ᵃℑ¹ *folgt*: Li uiauz .fro. se dresce (lieue ℑ¹) en son estage 𝔇ᵃℑ¹. — 15. = ℑ¹ Et si se claime et plaint 𝔇ᵃ. — 16. = 𝔇ᵃℑ¹147d. — 17. = 𝔇ᵃℑ¹. — 18. les pors et les ℑ¹ passage 𝔇ᵃ passages ℑ¹. — 19. les maistres 𝔇ᵃ Guionage ℑ¹. — 20. treuage 𝔇ᵃ gaegnage ℑ¹. — 21. en s. 𝔇ᵃℑ¹. — 22. = 𝔇ᵃℑ¹. — 23. G. o. l. c. 𝔇ᵃℑ¹ *folgt*: Vairs ot les iauz toz li ujs li esclaire Gros ot lou piz et larges par espaules 𝔇ᵃℑ¹. — 24. = 𝔇ᵃ j. ot b. f. ℑ¹. — 26. = 𝔇ᵃℑ¹. — 27. soz ciel d. 𝔇ᵃℑ¹ *folgt*: Il parlera a la loi danfant sage 𝔇ᵃℑ¹. — 28. = ℑ¹ fait il p. 𝔇ᵃ. — 29. et trop d. h. 𝔇ᵃℑ¹. — 30. = 𝔇ᵃ a t. l. ℑ¹. — 31. = 𝔇ᵃℑ¹. — 32. = 𝔇ᵃℑ¹. — 33. *fehlt* 𝔇ᵃℑ¹. — 34. Empres les triues enuoie tes m. 𝔇ᵃℑ¹. — 35. *fehlt* 𝔇ᵃℑ¹. — 36. = 𝔇ᵃ117dℑ¹. — 37. par t. C. 𝔇ᵃℑ¹. — 38. Des 𝔇ᵃℑ¹ njmes 𝔇ᵃ. — 39. Ni 𝔇ᵃ Nus ni ℑ¹ remaigne 𝔇ᵃℑ¹ hom 𝔇ᵃ t. s. d. grant aage 𝔇ᵃℑ¹. — 40. nel a. 𝔇ᵃℑ¹. — 41. = 𝔇ᵃℑ¹. — 42. *fehlt* 𝔇ᵃℑ¹. — 43. Ainz lan puez traire que rois p. 𝔇ᵃℑ¹. — 44. li peres 𝔇ᵃℑ¹. — 45. = 𝔇ᵃ saures ℑ¹. — 46. = 𝔇ᵃ le f. ℑ¹148a. — 47. e. e. ses bries et s. 𝔇ᵃℑ¹. — 48. enuoie 𝔇ᵃℑ¹. — 49. = 𝔇ᵃℑ¹. — 50. Mien escient par tote C. 𝔇ᵃℑ¹. — 51. = 𝔇ᵃ j. as d. N. ℑ¹. — 52. remaint 𝔇ᵃℑ¹ grant aage 𝔇ᵃℑ¹. — 53. = 𝔇ᵃ qu'a s. ℑ¹. — 54. = 𝔇ᵃℑ¹. — 55. = 𝔇ᵃ de F. ℑ¹. — 56. = 𝔇ᵃℑ¹. — 57. = ℑ¹ .VII. 𝔇ᵃ. — 58. angarnisent 𝔇ᵃℑ¹. — 59. s'eng. 𝔇ᵃℑ¹. — 60. = 𝔇ᵃℑ¹. — 61. assamblerent 𝔇ᵃℑ¹ lignage 𝔇ᵃℑ¹.
62. = 𝔇ᵃℑ¹. — 63. escrit 𝔇ᵃℑ¹. — 64. = 𝔇ᵃℑ¹. — 65. = 𝔇ᵃℑ¹. — 66. = 𝔇ᵃℑ¹. — 67. = 𝔇ᵃ118aℑ¹. — 68. = 𝔇ᵃ et (!) s. ℑ¹. — 69. = ℑ¹ l. amoine 𝔇ᵃ .II. 𝔇ᵃ. — *folgt*: As blans hauberz as uerz hiaumes bruniz 𝔇ᵃℑ¹. — 70. As 𝔇ᵃℑ¹ a. as biaus d. 𝔇ᵃ a. as d. arrabis ℑ¹. — 71. = ℑ¹ garnir 𝔇ᵃ. — 72. nagent a un cri 𝔇ᵃℑ¹. — 73. tornerent

𝔇ᵃℨ¹. — 74. = 𝔇ᵃℨ¹148b. — 75. a l. f. 𝔇ᵃℨ¹. — 76. t. issir 𝔇ᵃℨ¹. — 77. f. l. b. 𝔇ᵃℨ¹. — 78. lor nauies 𝔇ᵃℨ¹. — 79. borz metent c. 𝔇ᵃℨ¹. — 80. = ℨ¹ *fehlt* 𝔇ᵃ. — 81. Desor ℨ¹ sunt le ch. a. *fehlt* 𝔇ᵃ. — 82. Et d. 𝔇ᵃℨ¹ t. issi 𝔇ᵃ t. ausi ℨ¹. — 83. p. ne e. ne i. 𝔇ᵃℨ¹.

84. = 𝔇ᵃℨ¹. — 85. F. ses bries et 𝔇ᵃℨ¹ ses 𝔇ᵃ chartres e. 𝔇ᵃℨ¹. — 86. = 𝔇ᵃℨ¹. — 87. = 𝔗ᵃ d. en N. ℨ¹. — 88. Nes des guisant 𝔇ᵃ jusqu'as porz 𝔇ᵃℨ¹. — 89. d'armes se pleuisse 𝔇ᵃℨ¹. — 90. qu'en (a) sodees ni (re-) v. 𝔗ᵃℨ¹. — 91. s. ont mis tot droit a G. 𝔇ᵃℨ¹. — 92. sont p. d. 𝔇ᵃℨ¹. — 93. A (Et) m. l. f. g. lor gitent 𝔇ᵃℨ¹. — 94. = 𝔇ᵃℨ¹. — 95. = 𝔇ᵃ La poure gent ℨ¹ *folgt*: 94 *noch einmal* 𝔇ᵃ. — 96. = 𝔇ᵃℨ¹. — 97. Mais 𝔇ᵃ118bℨ¹ nauie 𝔇ᵃℨ¹. — 98. t. que m. 𝔇ᵃℨ¹. — 99. d· contremont la bise 𝔇ᵃℨ¹.

100. (Rom. Stud. 548, 8, IV) 1 ff.) = 𝔇ᵃℨ¹ *folgt*: Et il meismes a sa gent assanblee 𝔇ᵃℨ¹. — 101. as v. 𝔇ᵃℨ¹. — 102. pueplee 𝔇ᵃℨ¹. — 103. e. d'armes 𝔇ᵃℨ¹148c. — 104. = 𝔇ᵃℨ¹. — 105. = 𝔇ᵃℨ¹. — 106. Nen tornera 𝔇ᵃℨ¹. — 107. g. ostee 𝔇ᵃℨ¹. — 108. t. en leuie c. 𝔇ᵃ t. sa deual c. ℨ¹. — 109. droit s. 𝔇ᵃℨ¹. — 110. abel 𝔇ᵃ abiaus ℨ¹. — 111. = ℨ¹ t. itant 𝔇ᵃ. — 112. = 𝔇ᵃℨ¹. — 113. = 𝔇ᵃℨ¹. — 114. = ℨ uaucel f. 𝔗ᵃℨ¹. — 115. r. haute et parfonde et l. 𝔇ᵃℨ¹ qui fu et haute et l. ℨ. — 116—139. *umgestellt in*: 122, 123 (124—136 *fehlt*), 119 (120 *fehlt*), 121, 137, 138 (139 *fehlt*) (+ 1 Z.), 117, 116, ℨ. — 116. D'autre p. 𝔇ᵃℨ¹ Et d'autre p. G. qui est ℨ *folgt*: (vgl. Rom. St. 551, 20-30) Li uiax .fro. a la barbe mellee Ses gens assanble sa sa grant ost mandee La uile asiet par sa fiere posnee Mais la tors fu sor la roche planee Haute et pleniere et contremont leuee Sa mengier ont c'est uerites prouee Dongier ne prisent une pome paree Ne ia par force ne sera crauentee La fu .h'. et do. li ueneres Li dus .Gir. qui bien fiert de lespee Nus iors ne passe que n'ait en lost mellee ℨ. — 117. = 𝔇ᵃℨ¹ Au pie desoz li bat ℨ. — 118. = 𝔇ᵃℨ¹ *fehlt* ℨ. — 119. d. ne sont pas e. 𝔇ᵃℨ¹ d. n'iert ia si enfermee ℨ. — 120. Car 𝔇ᵃℨ¹ a criee ℨ¹ *fehlt* ℨ. — 121. Qu'il ne chacent ℨ les cers 𝔇ᵃℨ¹ en l. ℨ¹. — 122. = 𝔇ᵃℨℨ¹. — 123. Nest loig des lor (del bois ℨ¹) que demie l. 𝔇ᵃℨ¹ En est bien loing a une grant . . . . ℨ. — 124. = 𝔇ᵃℨ¹. — 124—136. *fehlt* ℨ. — 125. fu 𝔇ᵃℨ¹. — 126. = ℨ¹ tient 𝔇ᵃ118c. — 127. = ℨ¹ enz est 𝔇ᵃ. — 128. e. i est entree 𝔇ᵃℨ¹. — 129. = 𝔇ᵃℨ¹. — 130. G. il et H. 𝔇ᵃ quens G. et H. ℨ¹. — 131. M. il et D. 𝔇ᵃℨ¹. — 132. = 𝔇ᵃℨ¹. — 133. D. l. v. 𝔇ᵃℨ¹148d. — 134. = 𝔇ᵃℨ¹. — 135. soirs et matinees 𝔇ᵃ au s. a m. ℨ¹. — 136. trouee 𝔇ᵃℨ¹. — 137. Si ie m. la gent ℨ147a a lor peurees 𝔇ᵃ en la ℨ¹. — 138. del ost 𝔇ᵃℨ¹ les fumees 𝔇ᵃ d. en boiuent ℨ *folgt*: La roche est haute oiseil fu copee ℨ. — 139. = 𝔇ᵃℨ¹ *fehlt* ℨ.

140. = 𝔇ᵃℨ¹. — 140—156 *fehlt* ℨ. — 141. = 𝔇ᵃℨ¹. — 142. 𝔇ᵃℨ¹. — 143. sort 𝔇ᵃℨ¹. — 144. uont 𝔇ᵃ cort ℨ¹. — 145. sergent et damoisel 𝔇ᵃℨ¹. — 146. chevalier et donzel 𝔇ᵃℨ¹. — 147. E. red. d'a. p. 𝔇ᵃℨ¹. — 148. = 𝔇ᵃℨ¹. — 149. D. bruit d· li 𝔇ᵃℨ¹. — 150. = ℨ¹ nen e. n'en y. 𝔇ᵃ. — 151. Ne por nul (le) s. j. ne lor iert tant p. 𝔇ᵃℨ¹. — 152. par ℨ¹ entor l. 𝔇ᵃℨ¹. — 153. = 𝔇ᵃℨ¹. — 154. = 𝔇ᵃℨ¹. — 155. = 𝔇ᵃ icel .vii. d. ℨ¹. — 156. = 𝔇ᵃ118dℨ¹. — 157. (vgl. R. St. 551,1 ff.) = 𝔇ᵃℨℨ¹. — 158. = 𝔇ᵃℨℨ¹. — 159. = 𝔇ᵃℨ¹ La mers salee li bat au pie desor ℨ. — 160. De l'autre part gironde li oi (!) sort ℨ p. demainnes v. 𝔇ᵃℨ¹. — 161. = 𝔇ᵃℨ¹ *fehlt* ℨ. — 162. = 𝔇ᵃℨ¹ Li uiax .fro. les assaut p. u. ℨ. — 163. = 𝔇ᵃℨ¹149a Prandre les cuide et metre en grant dolor ℨ *folgt*: Mais ce deu plaist le uerai creator Ja nen aura nul pooir a nul ior ℨ. — (*Ende des Doppeltextes*.)

164. = D⁴J. — 165. = D⁴ del tans a. J. — 166. = D⁴J. — 167. d. blanc m. D⁴J *folgt*: Hautes (Hautres!) et droites ja greignors (-or) ne yerrez D⁴J. — 168. L. paisant D⁴ L. nunsiant J i suelent a. D⁴J. — 169. = D⁴J. — 170. = D⁴J. — 171. s. ge d. D⁴J. — 172. G. viennent d. s. b. ferte D⁴J. — 173. M. f. J a P. D⁴J. — 174. = D⁴J. — 175. = D⁴J. — 176. = D⁴J. — 177. = D⁴J. — 178. = J armez D⁴. — 179. = D⁴ an b. J. — 180. = D⁴ ostors J faucons J — 181. = D⁴J. — 182. = D⁴J. — 183. qui a tel (cel) fermete D⁴J. — 184. = D⁴J. — 185. = D⁴119a sainte c. J. — 186. ot il l. D⁴J assez D⁴ este J. — 187. oliviers D⁴J. — 188. = D⁴J. — 189. li gentis et li ber D⁴J. — 190. h. li preuz D⁴J G. li senez D⁴ li gentis et li ber J *folgt*: Li dus .Ge. qui tant fait a loer J. — 191. = D⁴J149b. — 192. = J T. ladurez D⁴. — 193. Ansamble o aus D⁴J. — 194. f. de nouel a D⁴J *folgen*: Devant aus font lor jugleor chanter Rotes et harpes et vieles sonner Dex quel deduit qui lou (lor J) peust mener D⁴J. — 195. = D⁴ arriere retorner J. — 196. = D⁴ o les f. J. — 197. f. porchacier D⁴J. — 198. Or ne p. e. car D⁴J. — 199. = D⁴J. — 200. = D⁴J. — 201. = D⁴J. — 202. h. les nerz hiaumes fermez D⁴J. — 203. fait D⁴J.

Anlage III.

Varianten J von Z. Vgl. Vietor: Anlage 6 (S. 68 ff.).

f° 1: 1. D. lor doz J156a15. — 2. hiaumures J. — 3—4. = J. — 5. Si J sen retornerent J sormontant J. — 6. en belliant J. — 7. va J mule J randonnant J. — 8. et li tertre J pandant J *folgt*: J = M. — 9. Li q. Ge. J aitant J. — 10. = J. — 11. vienent J. — 12. la resne J *folgt*: J = F. — 13. = J.

14. ci de d. J. — 15. Ansamble o J156b Gaudin J. — 16. del Fro. voirement J. — 17. J = D⁴. — 18. J = D⁴. — 19. sa J n'en gerroit J. — 20—22. = J. — 23. Il J — 24. = J. — 25. *fehlt* J. — 26. = J. — 27. Li c. s. J fors del b. a .1. J plain champ J. — 28. A f. J c. assanbler J sanblant J. — 29. J = D⁴. — 30. = J. — 31. *fehlt* J. — 32. Fuient J. — 33. = J. — 34. J = D⁴. — 35. Hui matinet J estoions J si p. J. — 36. Et aloiens J. — 37. = J. — 38. de terme J larres .1. gant J. — 39. iront J. — 40. veez J. — 41. J = D⁴. — 42. J = D⁴. — 43—44. = J. — 45—46. *fehlen* J. — 47. J'en J. — 48. = J. — 49. li pere J156c li s. J. — 50. J = D⁴. — 51. = J. — 52. si m. m. J. — 53—58 = J. — 59. J = D⁴. — 60. est J. — 61. morantin J. — 62. le plain dou J. — 63. = J. — 64. J = D⁴. — 65. = J. — 66. ne h. d. J. — 67. lescus brunis J. — 68. m. et ociz J. — 69. J = D⁴. — 70. *fehlt* J.

f° 2: hierzu noch Vararianten Q.

1. = Q131d4 vos J164d7. — 2. = Q c. destriers J. — 3. = JQ. — 4. Je voi son hiaume J a or JQ. — 5. = Q *fehlt* J. — 6. = Q venir binx nies J. — 7. = Q j. gie J. — 8. Or i parra J com il iert Q. — 9. = J a D. Q. — 10—11. = JQ. — 12. = Q Que J. — 13. = Q, J = D⁴. — 14. = JQ. — 15. Car avoc moi J le averoi je Q l'avroie J molt c. JQ. — 16. = JQ. — 17. m. s'en JQ.

18. = Q li cuens J. — 19. = JQ. — 20. Donjon J chastel ne vos J n. plaisseis Q. — 21—23. = JQ. — 24. = J autrui t. Q. — 25. =

𝔍Ω. — 26. Ne me donnates 𝔍165a Aino noi de v. que Ω .ı. d. 𝔍 vausist
𝔍Ω. — 27. soi Ω sai 𝔍 ne nel vi 𝔍 n. n. le quis Ω. — 28. = 𝔍Ω. —
29. C'a. ne baillates 𝔍Ω ne n'en 𝔍 fustes 𝔍 saisi 𝔍. — 30. s'il voloit 𝔍Ω.
— 31. = 𝔍Ω. — 32. = Ω ne vos seroie a. 𝔍. — 33. = Ω deperdre 𝔍.
— 34. = 𝔍Ω folgt: Ou se ce non moi le couient soufrir Ω.
35. = Ω, 𝔍 = 𝔉. — 86—88. = 𝔍Ω132a. — 29. Mes par 𝔍Ω le
vos d. 𝔍Ω issi 𝔍. — 40. 𝔍Ω = 𝔇ª. — 41. = Ω mes 𝔍. — 42. = Ω
et son 𝔍. — 43. = Ω Ne 𝔍 ne l'o. 𝔍. — 44. = Ω Ne 𝔍 l'o. de 𝔍. —
45. Ne 𝔍Ω folgt: 49. 𝔍Ω. — 46. Et 𝔍 Ne Ω Landri 𝔍 folgt: 50. 𝔍Ω. —
47. Ne 𝔍Ω. — 48. Ne 𝔍Ω. — 49. = Ω chardane 𝔍 nach 45. 𝔍Ω.
50. Agaise Ω A. et F. 𝔍 am (!) seni 𝔍 nach 46. Ω. — 51. 𝔍Ω = 𝔇ª.
52. = 𝔍Ω. — 53. = Ω li cuens G. 𝔍. — 54. = Ω et si 𝔍. — 55—56.
= 𝔍165bΩ. — 57. v. deriere contendant Ω contratendant 𝔍. — 58. =
Ω Au 𝔍. — 59. = 𝔍Ω. — 60. = 𝔍 sus son Ω. — 61. = 𝔍 fehlt Ω.
— 62. = 𝔍Ω. — 63. = 𝔍 m. et p. Ω. — 64. Que 𝔍 sos ciel 𝔍 il tant
𝔍Ω. — 65. = 𝔍Ω. — 66. = Ω uaillant 𝔍.
67. = Ω est plus g. 𝔍. — 68. M. l. trebuchent Ω, 𝔍 = 𝔇ª. — 69.
= Ω sen 𝔍. — 70. = 𝔍Ω.

Anlage IV.

Varianten 𝔄𝔅𝔇𝔉𝔖𝔇ª𝔍𝔐𝔓𝔊 von Ω (Mone 20422-34), 𝔑102bl ff. abweichend.

20422. = 𝔇ª131b16𝔍161a27 De la cort part (ist Ω) li dus chadoine
𝔄168b17𝔅54c17 Ο116a39 s'ent fehlt 𝔉126d4 li mes 𝔐𝔓161d1 𝔈249d1. —
23. demanderent 𝔉𝔇ª demandissent 𝔖 demandassent 𝔍𝔐𝔓𝔊 fehlt 𝔄𝔅Ω.
24. = 𝔖 ala 𝔅 aloit Ω s'en 𝔄𝔉 ua 𝔄 au d. 𝔄 Bericloine 𝔄 fehlt Ω𝔞𝔍
𝔐𝔓𝔊. — 25. Ce 𝔉 se 𝔄𝔅Ω se ja 𝔉𝔖𝔇ª𝔍𝔐𝔓𝔊 grant b. me 𝔄𝔅Ω ne
fehlt 𝔉𝔖𝔇ª𝔍𝔐𝔓𝔊. — 26. Cil 𝔐 et painz de grant uergonne 𝔍 il ne 𝔄
si ne 𝔅Ω𝔍 sil 𝔓 poinne 𝔄𝔅Ω𝔍 grant poigne 𝔖𝔇ª besoigne 𝔍𝔐𝔓𝔊. —
27. = 𝔉𝔖𝔇ª𝔍 Jamais 𝔄𝔅Ω por 𝔐𝔓𝔊 ce 𝔓𝔊. — 28. Tira 𝔉 Tourne 𝔖
Nira 𝔇ª𝔍 Sira 𝔐𝔓𝔊 ses 𝔉𝔇ª𝔐𝔓 son 𝔖𝔍𝔊 regnes 𝔉𝔇ª𝔐𝔓 regarder 𝔇ª𝔍
𝔐𝔊 regarde 𝔖 fehlt 𝔄𝔅Ω. — 29. Duremept 𝔉 s. le regarda 𝔖 et 𝔇ª𝔍
𝔓𝔊 regrete 𝔇ª𝔍𝔐𝔓𝔊 le (fehlt 𝔐) conte 𝔉𝔖𝔇ª𝔍𝔐𝔓𝔊 fehlt 𝔄𝔅Ω. — 30.
Hernaus 𝔄𝔅Ω biax nies 𝔄 biax frere 𝔅 cosins Ω sire 𝔐𝔓𝔊 chieus 𝔖
ques 𝔐 uous 𝔄𝔅𝔉𝔖𝔓𝔊. — 31. Nous 𝔄𝔅Ω le querrons 𝔇ª𝔍𝔐𝔓𝔊 lalons
𝔄𝔅Ω𝔉𝔖 la ou des le n. 𝔄𝔅Ω ih'us le 𝔉𝔖𝔇ª𝔍𝔐𝔓𝔊 folgen: Li dus Ger. de
noient ne seiorne Passe (Passent 𝔄) les terres et des contrees (par ses
iornees 𝔅) longues 𝔄𝔅Ω. — 32. chanpaigne 𝔄𝔅Ω brochent 𝔄𝔅𝔉𝔖𝔇ª𝔍𝔐
𝔓𝔊 passent Ω esperonent 𝔄𝔅𝔉𝔖𝔇ª𝔍𝔐𝔓𝔊 esperone Ω. — 33—34 ersetzt
durch: Par loherainne sen tre- (re- 𝔄) passerent outre Pleure Ge. et Ger.
se dolouse 𝔄𝔅Ω Fro. dist il dalmeden le confunde Ω Cant Ger. uit la
terre qui fu soie (sorce (!) 𝔄) Arse et gastee et essillee toute Fro. fait
il damedes (le cors deu Ω) te confonde Qui mon pais mas si torne (torne
si Ω) a honte .Ger. li dus trespasse (trespusaa 𝔄) le pais Tenrement
pleure ne sen (se 𝔅) pot atenir Parmi Ardenne acoilli (trespasse 𝔅
acoillent Ω) son (le B lor Ω) chemin Ne seiorna tant qu'a (au 𝔄) Couloigne uint 𝔄𝔅Ω. — 33. Ainz ne finerent si uinrent 𝔐𝔓𝔊 Tot maintenant 𝔍 A 𝔉𝔖𝔇ª sunt uenu 𝔉𝔖𝔇ª𝔍 a 𝔉𝔖𝔍𝔐𝔓𝔊 de 𝔇ª folgt: A Anseys
tant forment esperonent 𝔐𝔓𝔊. — 34. = 𝔉𝔖𝔇ª𝔍𝔐 Desus 𝔈 dessirent 𝔈

ains 𝔈 ais 𝔓 onbres 𝔓𝔈 *folgt*: Parlant s'en uont a .1. duc de borgoigne (doutre loingne 𝔐 de coulongne 𝔓𝔈) 𝔇ᵃ𝔍𝔐𝔓𝔈.

Varianten 𝔍 von 𝔒 (Mone 20435—20516). Vgl. hierzu Vietor l. c. Anlage 7 (S. 82).

20435. = 𝔍. — 36. = 𝔍. — 37. sui (!) 𝔍. — 38. autres 𝔍. — 39. toz ses 𝔍. — 40. = 𝔍. — 41. correcies 𝔍. — 42. .1. 𝔍 reuint 𝔍. — 43. ai tost 𝔍. — 44. et 𝔍. — 45. = 𝔍. — 46. dites moi quil dist 𝔍. — 47. Respont 𝔍 en moie foi 𝔍. — 48. = 𝔍. — 49. *mit* 50. *umgestellt* 𝔍. — 49. .1. ch. 𝔍. — 50. Mais a uos uient 𝔍. — 51. Jl et ses nies 𝔍 *folgt*: Mais ne sunt pas 𝔍 tant poure 𝔍𝔅¹) descheri 𝔍. — 52. Quil nen aient 𝔍 cheualiers ellis 𝔍 *folgt*: As blans hauberz et as hiaumes de pris 𝔍. — 53. A 𝔅 et *fehlt* 𝔍𝔇ᵃ𝔅 a 𝔅 destriers arrabis 𝔍. — 54. = 𝔍. — 55. = 𝔍. — 56. = 𝔍. — 57. = 𝔍. — 58. Pou 𝔍. — 59. Ez uos Gir. a ces paroles 𝔍. — 60. Il descendi en lonbre 𝔍. — 61. = 𝔍. — 62. maint 𝔍. — 63. = 𝔍. — 64. resplent 𝔍. — 65. de 𝔍 riches 𝔍. — 66. Gir. li dus 𝔍 *folgt*: Gent ot le cors et les (le 𝔍) menbres seanz 𝔍𝔇ᵃ𝔅¹). — 67 *umgestellt mit* 66,1 𝔅. — 67. = 𝔍𝔇ᵃ rians 𝔅. — 68. home 𝔍. — 69. Li dus .Ge. 𝔍 .1. 𝔍. — 70. doz siuant 𝔍. — 71. = 𝔍. — 72. = 𝔍 *folgt*: Et la roine lor paia richement 𝔍. — 73. = 𝔍. — 74. = 𝔍. — 75. = 𝔍. — 76. = 𝔍. — 77. Dist lenpereres bien uignies uos enfant 𝔍 *folgen*: Je ne uos bais ne mestes conoissant Dist li dus sire ie uos en dira tant 𝔍. — 78. li 𝔍. — 79. .Ga. li loherans 𝔍 *folgt*: Por (Par 𝔅) vostre (une 𝔅) guerre sachiez veraiement (qui nos crut cel l'autre an 𝔅) 𝔇ᵃ𝔅 Ai ge laissaiee la moie voirement 𝔇ᵃ. — 80. Anuers .fro. le chenu 𝔍 *folgen*: Qui ma assis entre lui et sa gent A Gironuile h'. un mien parant 𝔇ᵃ. — 81. danoir 𝔍. — 82. *fehlt* 𝔍 — 83. a a esciant 𝔍. — 84. = 𝔍. — 85. = 𝔍. — 86. fait 𝔍. — 87. sor 𝔍. — 88. a e. 𝔍. — 89. secors querre 𝔍. — 90. Ce dist .pp. ne men 𝔍. — 91. Le 𝔍 uos 𝔍 trouai 𝔍 ausiment 𝔍𝔇ᵃ. — 92. *fehlt* 𝔍. — 93. Ne moi ne uos ne s. 𝔍 ouan 𝔍. — 94. auies 𝔍. — 95. = 𝔍. — 96. = 𝔍. — 97. = 𝔍. — 98. Et des b. 𝔍. — 99. a droit uos en 𝔍. — 500. puissons 𝔍. — 1. = 𝔍. — 2. = 𝔍. — 3 *mit* 4 *umgestellt* 𝔍. — 3. = 𝔍. — 4. De 𝔍𝔅 sa proesce ia nus hom 𝔍. — 5. = 𝔍. 6. De sol le 𝔍. — 7. = 𝔍. — 8. Li rois apele son connestable 𝔍. — 9. = 𝔍. — 10. sor 𝔍𝔇ᵃ𝔅 en 𝔍 mieus seant 𝔍. — 11. = 𝔍. — 12. a dit 𝔍. — 13. Il 𝔍. — 14. a pris 𝔍 et tuit li sien (suen 𝔇ᵃ) 𝔍𝔇ᵃ𝔅. — 15. = 𝔍. — 16. = 𝔍.

Varianten 𝔄𝔅𝔇𝔈𝔑𝔇ᵃ𝔍𝔅𝔐 von 𝔒 (Mone 20517—20719).

17—19 *ersetzt durch*: Or est Gerbers al ostel descenduz Si cheualier et sa ient auoec lui En la sale est Anseis remasu Ensanble o (Ensanble 𝔅) lui si ami et si drut Des soudoiers qui o (a 𝔅) lui sont (sunt a lui 𝔒) Fu lies et bauz onque mais si ne fu 𝔄𝔅𝔇. — 17—20 *ersetzt durch*: Le consoil lessent et sunt el borc uenu Ni a meson qui preu ni ait en Parmi le borc ou soudoiers neust Et li rois monte el palefroi cremu Droit a lostel Gibert en est uenus Et dist al oste que bien soit poruous Qui len aura or et argant molu E vous leanz .1. varlet descendu 𝔑. — 17. = 𝔇ᵃ sen 𝔈 en *fehlt* 𝔍𝔅𝔐 paruenus 𝔍𝔅 descendu 𝔐. — 18. Et endementres 𝔍 dementreus 𝔈 dementieres 𝔇ᵃ olementiers 𝔅 quil 𝔈𝔇ᵃ𝔍

---

1) Ich füge die Varianten 𝔇ᵃ𝔅 hinzu, wo dieselben von den vom Vietor l. c. gegebenen abweichen.
2) Folgt bei Vietor nach 67.

𝔅𝔐 furent 𝔖 sont 𝔇•𝔍𝔅 iest 𝔐 uenu 𝔐. — 19. = 𝔇•𝔍 E. establerent 𝔅 on estauble 𝔐 leur 𝔖 leur 𝔖. — 20. = 𝔍 Es *fehlt* 𝔄𝔅𝔇 Ens 𝔖𝔇• 𝔅𝔐 anz 𝔇• es 𝔐 estauble 𝔐 Maudecon 𝔖 entre B. 𝔄𝔅𝔇 le 𝔄𝔅𝔇𝔖 condu 𝔄 chenu 𝔅𝔖 tonduz 𝔇. — 21. = 𝔑𝔅 latimiers 𝔄𝔅𝔇•𝔍 baceler 𝔐 ferrant 𝔇 ki boins 𝔖 ferranz et 𝔄 ot ferans 𝔅 uiel et 𝔇 chamberlain 𝔇•𝔍𝔐 fu 𝔖. — 22. = 𝔅 Si 𝔖 Qui 𝔑 Lala 𝔇• ala 𝔖 lala 𝔑𝔍𝔐 Molt sot (set 𝔄) de plait et bien enraisnies (ensaingniez 𝔄) fu 𝔄𝔅𝔇 *folgt*: A la roïne dist .ı. cortois salu Cil uos gart dame qui ou ciel est lasus (fait uertu 𝔄) Respont·(Et dist 𝔄) la dame amis bien aies tu Ses tu nouelles dont nos soions seur 𝔄𝔅𝔇. — 23. = 𝔖𝔇•𝔍𝔅𝔐 Oil uoir 𝔄𝔅𝔇 par ma foi 𝔑. — 24. En ceste (celle 𝔄) cort 𝔄𝔅𝔇 A nostre roi 𝔖𝔇•𝔍𝔅𝔐 A mon signor 𝔑 a 𝔄𝔅𝔇𝔖 est 𝔑𝔇•𝔍𝔅𝔐 .ı. 𝔄𝔅𝔇𝔖𝔑𝔇•𝔍𝔅𝔐 baron 𝔄𝔅𝔇 𝔑𝔐 signor 𝔖 sires 𝔇•𝔍𝔅 *folgt*: Ainz plus bel home de char ne fu ueus 𝔑. — 25. Gerb. a non 𝔄𝔅𝔇𝔖𝔑𝔇•𝔍𝔅𝔐 fu Garin le duc 𝔅𝔐 *folgt*: De Loheraine le preu et le meubru Ensanble o lui a .ı. dansel uenu 𝔅𝔇. — 26. O lui Ge. 𝔄𝔑 Gerins a non 𝔅𝔇117a𝔐 ses 𝔅𝔒𝔑𝔐 amis 𝔅𝔑 cousin 𝔄𝔒𝔇•𝔍𝔅 ami 𝔖 compains 𝔐 et 𝔄𝔅𝔇𝔖𝔑𝔇•𝔍𝔅𝔐 ses drus 𝔅𝔒𝔑𝔐 *folgt*: Ainz plus biax hom en cest siecle (de Ger. nez 𝔄) ne fu Li uiex Fro. (F. li vieus 𝔅) lor a trestot tolu Arse a lor (la 𝔅) terre et trestot confondu 𝔄𝔅𝔇 Et mauuoisins a la ferre vertus 𝔑. — 27. = 𝔅𝔐 Il 𝔄𝔅𝔇 il nest 𝔑 pas 𝔄𝔅𝔇𝔖𝔇•𝔍 menu 𝔇•. — 28. = 𝔇•𝔍𝔖𝔐 Que il 𝔅𝔅 amainnent 𝔄𝔇 ne mainent 𝔅 nait ou lui 𝔑 chevaliers ou plus 𝔄𝔅𝔇 h. ascus 𝔑. — 29. Ni a celui nait bon destrier crenu 𝔄𝔅𝔇 Ja ni verrois .ı. garcon mauuestu 𝔑 n'iert ja 𝔖 ni ai 𝔇•𝔍 n'ai .ı. 𝔅 na il 𝔐 roncin 𝔇•𝔍𝔅𝔐 veu 𝔇•𝔍𝔅 ne mu 𝔐. — 30. = 𝔖 Et 𝔄𝔅𝔇 riches armes 𝔄𝔅𝔇 palefrois 𝔐 destriers 𝔇•𝔍𝔅 Aincois cheuauchent 𝔑 bons 𝔑 palefroi 𝔄𝔇 bons destrier 𝔐 crenus 𝔑𝔇•𝔍𝔅𝔐 ou 𝔇 mul 𝔄𝔇. — 31. = 𝔖𝔑𝔐 La dame loit 𝔄𝔅𝔇 li s. li est meuz 𝔇• trestous li s. li mu 𝔐 esmut 𝔄𝔅𝔇 *folgen*: Ele ot .ı. paile doriende uestu 𝔇 Plus bele dame en cest (ce 𝔄) siecle ne fu .I. fille ot qui delez li s' (lui 𝔇) estut Qui de biaute nule rien ne li dut Cant ont noueles de Gerb. (de Ger. ont nouelle 𝔄) entendu 𝔄𝔅𝔇. — 32-36. *ersetzt durch*: He diex dist elle com mest mal anemi Com par sui morte quant ne les ai ueus Tant dis quil furent en ce palais sasus 𝔑. — 32. = 𝔖𝔇•𝔅 Andex se painnent 𝔄𝔅 Chascune peine 𝔇 de lamistie au 𝔄𝔅𝔇 na lamor 𝔐 *fehlt* 𝔍. — 33. = 𝔖𝔇•𝔍𝔅𝔐 Cest granz 𝔄𝔅𝔇 cant 𝔄 qu'encor 𝔅𝔇 orent 𝔄 ont 𝔅𝔇. — 34. Si 𝔖 Or 𝔇•𝔍 𝔅𝔐 plus 𝔐 que riens 𝔖𝔇•𝔍𝔅𝔐 nen 𝔖𝔇• naime ele p. 𝔍𝔅 quelle sen 𝔐. — 35. Ancui 𝔄𝔅𝔇 quels 𝔅𝔇 com 𝔖𝔇•𝔍𝔅𝔐 grant 𝔖𝔇•𝔍𝔅 amistiez en (ce 𝔄) fu 𝔄𝔅𝔇. — 36. *fehlt* 𝔄𝔅𝔇𝔖𝔇•𝔍𝔅𝔐. — 37. = 𝔖𝔇•𝔍𝔅𝔐 ientiz dame apela 𝔄169c𝔅𝔒𝔑. — 38. = 𝔐𝔅 me 𝔇•𝔍 frere 𝔄𝔅𝔇 cha 𝔖 nouele 𝔇•𝔑. — 39. O ua (uast 𝔑) que quiert et (e. *fehlt* 𝔑) comment a il (il a 𝔇) non 𝔄𝔅𝔒𝔑 se ia dieus bien (b. *fehlt* 𝔍) me dont 𝔖𝔇•𝔍𝔅 par le cors .s. symon 𝔐 *folgen*: Porroit il estre quil (que 𝔇) remasist (demorast 𝔑) o (a 𝔅) noz En non dieu dame 𝔄𝔅𝔒𝔑 ie ne sai a estroz 𝔄𝔅𝔇 ice pas ne sauons 𝔄𝔇 Mais 𝔄𝔅𝔒𝔑 ne por quant (que dent 𝔑) iai ueu (ie ui 𝔄) 𝔄𝔒𝔑 ie sai bien ueu 𝔅 a sa facon 𝔄𝔅𝔒𝔑 Il est plus biax conques mes ne ui om 𝔇 Il 𝔄 Quil 𝔅 Si 𝔇 a uestu .ı. hermin pelicon 𝔄𝔅𝔇 Je cuis quil na si bel en tout le mont Sorcis traitis si a les cheuaus blons 𝔑 Et 𝔄𝔅𝔒𝔑 par desore (desus 𝔄) .ı. uermel 𝔄𝔅𝔇 sa uestu .ı. riche 𝔑 siglaton Mantel 𝔄𝔅𝔒𝔑 a riche qui nest mie trop lonc 𝔄𝔅𝔇 de porpre dor ia maint bouton 𝔑 Na .𝔄𝔅𝔇 Ja 𝔑 en sa route 𝔄𝔅𝔇𝔑 ne 𝔄𝔒𝔑 escuier 𝔅 ribaut 𝔄𝔇 trouuerois 𝔑 ne garcon Mais 𝔄𝔅𝔒𝔑 cheualiers et fiz de uauassors (halz barons 𝔇) 𝔄𝔅𝔇 damoisiax et chevaliers barons 𝔑 Bliaut de paile ont tuit li noaillor 𝔇. — 40. = 𝔇•𝔅𝔐𝔖 Si

𝔄𝔅𝔒 et 𝔑 bien 𝔄𝔅𝔒 tuit 𝔑 si autre 𝔄𝔅𝔑 trestuit si 𝔒 compaignon 𝔄 𝔅𝔒𝔑 fu (!) ℑ. — 41. En cest pais na nul plus uaillant hom 𝔄𝔅𝔒 James tex hons ne sera en ce mont 𝔑 baron 𝔐 el regne Faraon 𝔅 dusqu' 𝔖 jusqu' 𝔇ªℑ en 𝔖𝔇ª a ℑ𝔐 inde 𝔖𝔇ªℑ𝔐 maiour 𝔖 en parfont 𝔇ª auperron ℑ𝔐. — 42. = 𝔇ªℑ𝔅𝔐 plus 𝔄 d'armes ne d' 𝔄𝔅𝔒 ferir 𝔖. — 43. *fehlt* 𝔄𝔅𝔒𝔖𝔑𝔇ªℑ𝔅𝔐. — 44. serue son naturel signor 𝔄𝔅𝔒 *fehlt* 𝔖𝔑 𝔇ªℑ𝔑𝔐. — 45. = 𝔄𝔅𝔒𝔑𝔇ª𝔅𝔐 s'en m. 𝔖 le m. ℑ(162b) *folgt*: Por herbergier el (au 𝔄) borc (b. a s. 𝔅) saint Simion 𝔄𝔅𝔒𝔖𝔑𝔇ªℑ𝔅𝔐. — 46. Por les (ces 𝔄) ostez ses ienz (sa gent 𝔅 (54f)) herbergie sont 𝔄𝔅𝔒 desor 𝔖𝔇ªℑ𝔅 desoz 𝔐 borc la ou 𝔐 nauiant 𝔖 musatier 𝔇ª miels seant ℑ nuisant 𝔅𝔐 vont 𝔖 *fehlt* 𝔑 *folgen*: Toute en est plainne la uile jusqu'al pont 𝔄𝔅𝔒𝔑 ' Et la grant 𝔒 La mestre 𝔑 rue 𝔒𝔑 o 𝔒 et 𝔑 li soilier 𝔒𝔑 estout 𝔒 denson 𝔑 Li dus 𝔄𝔅𝔒 Et danz 𝔑 Ger. 𝔄𝔅𝔐 et 𝔄 𝔅𝔒𝔑 si (cil 𝔑) du compaignon Sont herbergie chiez 𝔄𝔅𝔒117b𝔑 Bernart bischancon 𝔄 Jerart Barbencon 𝔅𝔒 Beraut fremillon 𝔑 Qui uolentiers (uoloit (!) 𝔒) les uoit en sa maison Tot son auoir lor (li 𝔅𝔒) a mis a bandon Des diet la dame 𝔄𝔅𝔒𝔑 por ton saintisme non 𝔄𝔅𝔒 quel joie du baron 𝔑 Molt seroit riche qui aroit tel baron Dedenz (En 𝔒) ses cambres (sa cambre 𝔄) seul a seul en (a 𝔅) escons 𝔄𝔅𝔒. — 47. = 𝔇ª li dus 𝔑 ostast 𝔄𝔅𝔒𝔑 tausit 𝔑 son esperon 𝔅𝔒𝔖ℑ𝔅𝔐. — 48. = 𝔄𝔅𝔒𝔖𝔇ªℑ𝔅𝔐 .1. bel esmerillon 𝔑. — 49. = 𝔇ªℑ𝔅𝔖 la pucelle 𝔄𝔅𝔒𝔑 .1. sor esmerillon 𝔄𝔅𝔒 faucon 𝔑 osteron (!) 𝔐 *folgt*: Et a Ge. un bon destrier (cheual 𝔑) Gascon 𝔄𝔅𝔒𝔑102f. — 50. = 𝔇ª132c𝔍𝔅𝔖 ni 𝔄 not 𝔅𝔒𝔑 ot pas 𝔄 mie 𝔅𝔒 gaires 𝔑 petit 𝔄𝔅 peor 𝔒𝔑 *fehlt* 𝔐. — 51. = 𝔇ªℑ𝔅𝔖 Et .1. destrier 𝔐 .1. esmerillon 𝔐 *fehlt* 𝔄𝔅𝔒𝔑. — 52. painent 𝔄169d𝔅𝔒𝔖𝔑𝔇ªℑ𝔅𝔐 de 𝔄𝔅𝔒𝔑𝔇ªℑ𝔅𝔐 onor 𝔐 au 𝔄𝔅𝔒𝔖𝔑𝔇ªℑ𝔅𝔐 baton (!) 𝔐. — 53. = 𝔖 ainz mais 𝔇ªℑ𝔅 quant ainc 𝔅 ne le uit on 𝔐 *fehlt* 𝔄𝔅𝔒𝔑. — 54. Lune uers (enuers 𝔅) lautre en (e. *fehlt* 𝔅) ot ire et contencon 𝔄𝔅𝔒 Ne puet salir quil nen mueue 𝔑 comment 𝔖 𝔇ªℑ𝔅𝔐 uint 𝔖ℑ mat 𝔇ª𝔅𝔐. — 55—74. *ersetzt durch*: Or sont li conte a grant ioie en la uile Des com sa aime la roine et sa fille Por les barons se portent grant (tele 𝔅 il 𝔒) enuie Lune uorroit (uoldrat 𝔒) que lautre ne fust mie À .1. (Au bien 𝔄) matin se leua (lieue 𝔅) la roine En son dos uest .1. (son 𝔅) pelicon (pelice 𝔄) hermine (d'ermine 𝔒) Et par desore (desor 𝔅 desus 𝔒) .1. porpre sanguine Mantel ot riche de lueure sarrasine Au mostier ua si a la messe oie Quant ele est (Et cant fu 𝔄) dit el repaire seet mise Les degrez monte de la sale uotie (perrine 𝔒) Enmi sa uoie a encontre sa fille Elle lapele si la a raison mise 𝔄𝔅𝔒 Fille fait elle foi que doi .s. Denise 𝔄𝔒 Trop estes plaine d' (et d' 𝔅) orguel et de folie (d' enuie 𝔅) Si le mont dit et dansel (pucelles 𝔄) et meschines Que uos auez ia uos erres (la uostre amor 𝔄) tramises Au duc Ger. cui (que 𝔅) uos estes s'amie 𝔄𝔅𝔒 *fehlt* 𝔑. — 55. = 𝔇ª𝔅 a 𝔖103b uers 𝔖ℑ𝔐. — 56. = 𝔇ªℑ𝔅𝔖𝔐. — 57. = 𝔇ªℑ𝔅𝔖 Par les sains 𝔐 B. ma b. 𝔐. — 58. = 𝔇ªℑ𝔅𝔖𝔐. — 59. = ℑ𝔅𝔖 Que sil 𝔇ª *fehlt* 𝔐. — 60. = 𝔇ªℑ𝔅 et 𝔖 et si uous ost 𝔐. — 61. = 𝔇ªℑ𝔅 Parlastes 𝔐 coi 𝔖 sodoyer 𝔖 ainz fille 𝔐. — 62. = 𝔖𝔇ªℑ𝔑. L. le e. quel u. 𝔅. — 63. = 𝔖𝔇ªℑ𝔅𝔐. — 64. = 𝔐 roi 𝔖𝔇ª𝔅 duc 𝔖𝔇ª𝔅 roi ℑ. — 65. = 𝔇ªℑ aura 𝔖𝔅𝔐. — 66. = 𝔖𝔐 nen p. 𝔇ªℑ𝔅. — 67. Qui 𝔖𝔇ª𝔅𝔐 Que ℑ antent 𝔐. — 68. = 𝔖 foi madame 𝔐168a loi 𝔅 respont 𝔇ªℑ𝔅𝔐. — 69. Ce 𝔇ª𝔅𝔐 Tot ce ℑ puet 𝔇ªℑ𝔅 fait 𝔐 torner 𝔇ªℑ𝔅 trouer 𝔐 le (*fehlt* ℑ) siecle a 𝔇ªℑ𝔅𝔐 meruille 𝔇ªℑ𝔐 grant meruille 𝔅 *fehlt* 𝔖. — 70. = 𝔖𝔇ªℑ𝔅 et si e. 𝔐. — 71. Au 𝔖 uoles ar 𝔇ª uoles ℑ qui volez

B si uores M. — 72. Et si M si SDªJB uos *fehlt* M Gerbert SJBM enhaie SDªM enuaie JB. — 73. Que *fehlt* SDªJM Dolante en DªJB quant iai DªJB. — 74. ia S estre or (!) J ore *fehlt* DªBM enfoie SDªJ BM. — 75—89. *ersetzt durch*: Or fu li dus seneschaus de la terre (M103a39) Et anseys li commanda sa guerre Cest toz li miax que il en seust fere Car cest li hons qui plus use de guerre Que nulle riens en ce siecle terrestre Le ior fu feste a .1. saint de la terre De mult haute heure furent dites les uespres Ainz la roine not de Gibert nulle aise Les anemis le roi destraint de guerre Onque les trueue a eus asemble et serre Mult grant auoir conquist a poi de terme Tout le depart que riens ne li areste Mult par lennorent li baron de la terre (M103b) ·Sil aime tant la dame et la pucele Qui mainz en fit le sanc en cuide perdre Qui ni parlast por riens quil seust fere Tel ire eu adons la roine acertes Par mautalant va sa fille requerre Entre le mur et la chambre as pucelles La la troua a une des fenestres Vairs ot les iex et rians la teste Vne pelice ot vestu jusqua terre La mere parle qui plus ne se pot tere Qui mult estoit et felle et deputaire M. — 75. = SDªJ162cBM a ABD ire fiere D. — 76. Crient que lamor ABD Ger. ne la decoiue A del duc Gerb. ne perde B de Gir. ne requiere D P. matinet S le va (lala M) al hostel DªJSM len est alee B querre SDªJBM *folgt*: A celle foiz nen uost ele plus fere ABD. — 77. = SDªJBM Par (A A) .1. matin ABD. — 78. Bien fu AB Fu bien D uestue ABDSDªBM d'un ABD une pelice SDªJ BM vaire SDªJM bele B. — 79. Et .1. orfroiz a (ot B) mis desor (desus D) sa teste ABD Par SDªJ desus (desor Dª) ot SDª de desor J desor BM .1. paile de biterne (Viterbe B) SDªJBM. — 80—83. *ersetzt durch*: Gent ot le cors toz li uis li esclere ABD Les elz ot uerz qui tuit li estenceilent D En .1. roiaume ABD not mie (pas D) BD nen ot A .1. plus belle ABD. — 80. est le cors B comme (com B) la flor Dª132dJBM desor B. — 81. = DªJBM *fehlt* S. — 82. = DªJB et bruns sorchis M si S. — 83. si SDªJBM belle SM comme ciex cove B en SM france n'engleterre S trestoute la M com ciaus DªJ. — 84. = DªJB p. sor une p. SM *fehlt* ABD. — 85. = SDªJM Et J *fehlt* ABD. — 86. amistie SDªJBM si S le M et affaite SDªJBM *fehlt* ABD. — 87. = DªJ kelle SM dou sens B *fehlt* ABD. — 88. anui M si *fehlt* B estre plus bele M laide SDªJB *fehlt* ABD. — 89. = DªBS Par mautalant na auant si M Voit la (1. *fehlt* D) la maire ABD117c m. t. apele J. — 90. Par ma foi fille ie sai bien que vos estes M Fille ABD fait A diet BD elle ie sai ABD bien AD molt B tot A bien B com DªJB or M uos e. SDªJ. — 91. *mit* 92. *umgestellt* M. — 91. = M Dite men est mainte male (dure A) ABD nos Dªj uienent SDªJB sunt uenu M vilaines SDªB males M mauuaises J noveles SDªJB. — 92. Je vos donasse signor a poi M a m. SDªJBM *fehlt* ABD. — 93. = SDªJBM *fehlt* ABDM. — 94. = SDªJ Que uos amez soudoier ABD Vos amez trop M vallet M d'autrui B. — 95. *mit* 96. *umgestellt* ABD. — 95. = ABDSMDªJBM. — 96. Qui rien nen a fors (f. *fehlt* D) que cheual et (ou que D) selle ABD Que son cheual na il en ceste terre M mais DªJB ke S sol son DªJ tors son M son M et l'iaume Dª et e. J et ke e. S et s'e. B. — 97. destrier M sa SDªJBM *fehlt* ABDM. — 98. li SM tes DªJBM rois SM morte et desconfite estes M te tolra S copera M toi DªJBM *fehlt* ABD. — 99. = DªB l'oi J quelle S dire M *fehlt* ABDM. — 600. = ABDSMDªJBM *folgt*: Par cuissanz mos quelle le sot bien fere M. — 1. *mit* 3. *umgestellt* DªBM. — 1. Par les sainz tote (ceste A) uielle riens (se A) derue ABD En non diu dame trop descouurez uostre este M viel-

les 𝔇⋅𝔅 viennent 𝔇⋅𝔅𝔐 tuit li grant 𝔇⋅𝔅 trestuit li 𝔐 *fehlt* 𝔖𝔍. — 2.
Cant (Com 𝔅) plus est uielle et seche li astelle 𝔄𝔅𝔒 La loi auez du
cheual de malaire 𝔑 *fehlt* 𝔖𝔇⋅𝔍𝔅𝔐. — 3. Com 𝔄𝔅𝔒 elle est mis el feu
plus 𝔄𝔒 est le feu plus art et 𝔅 estancelle 𝔄𝔅𝔒 Qui mort deuant et
ua ferant en destre 𝔑 ma foi dame 𝔐 totes 𝔍 uielle 𝔖𝔇⋅𝔅𝔐 uielles 𝔍
riens 𝔖𝔇⋅𝔍𝔅𝔐 *folgt*: Et plus cler art plus est la flame belle Por uos le
di qui tant auez fauelle Que uielles metent (uielle met 𝔄) trestoz le
mal en (les max sor 𝔄) terre 𝔄𝔅𝔒. — 4. = 𝔇⋅𝔍 Mari 𝔄𝔅𝔒𝔐 si 𝔄𝔅
puis 𝔑 uolez dou (ami 𝔐) 𝔄𝔅𝔒𝔐 dui uoles 𝔖 fere 𝔄𝔅𝔒𝔅 requerre 𝔖.
— 5. = 𝔇⋅ que 𝔄𝔒𝔐 nen 𝔖 sot 𝔐 li rois 𝔄𝔅5sa𝔒 ceste 𝔄𝔅𝔒 la 𝔖
tex 𝔑𝔍𝔅 ces 𝔐 nouelez 𝔑𝔍𝔅𝔐 *folgt*: com ceste chose nous torneroit
acertes 𝔑. — 6. = 𝔐 metroit en sa prison sous terre 𝔑 les dens (iex 𝔄)
sachier et 𝔄𝔅𝔒 uos 𝔍 traire 𝔄𝔅𝔒𝔖103c𝔇⋅𝔅. — 7. = 𝔖𝔇⋅𝔍162d𝔅𝔐 Et
uoz 𝔄𝔅𝔒 metroit 𝔄𝔒 feroit 𝔅 dedenz 𝔄𝔒 metre en 𝔅 .1. citerne 𝔄𝔅𝔒
fehlt 𝔑. — 8. *folgt nach* 10. 𝔑. — 8. Nous seriez en une chartre 𝔑
fehlt 𝔄𝔅𝔒𝔖𝔇⋅𝔍𝔅𝔐. — 9. *mit* 10. *umgestellt* 𝔅𝔒. — 9. Nes que 𝔅 que
on a mis enserre 𝔑 ne puet tenus 𝔄𝔅𝔒 tenuz 𝔇⋅𝔍𝔅𝔐 *fehlt* 𝔖. — 10.
Si ne 𝔄 Ne 𝔅𝔒 Vous 𝔑 uerres 𝔇⋅𝔍𝔅 aies 𝔐 ne clarte 𝔄𝔅𝔒 ardre 𝔇⋅𝔍
ne lanterne 𝔐 luiserne 𝔄𝔅𝔒𝔑 *fehlt* 𝔖. — 11—13. *ersetzt durch*: Se li
dus maime ce puet il bien fere Car ie sui ione et a meruelle belle Et
ne sui pas sachies de mal afere Et si sui fille au roi de ceste terre Li
dus Giberz si maintient bien la guerre Se il me vest a mon pere requerre
Soie ferai miex ne poroie fere 𝔑. — 11. = 𝔇⋅𝔅 Luor 𝔐 et 𝔍 clarte 𝔐
fehlt 𝔄𝔅𝔒𝔖. — 12. = 𝔄𝔅𝔒𝔖𝔇⋅133a𝔍𝔅𝔐. — 13. *mit* 14. *umgestellt* 𝔄𝔅𝔒.
— 13. = 𝔖𝔇⋅𝔅 honor 𝔄𝔅𝔒 asses 𝔐 s'en 𝔍 ases 𝔅 bien *fehlt* 𝔐 querre
𝔅. — 14. Tiex 𝔄𝔅𝔒 .Ga. cui fu Mez (mes fu 𝔅) et la terre 𝔄𝔅𝔒 honeste
𝔖𝔑𝔅 chaele 𝔇⋅𝔍𝔐. — 15. = 𝔖 Sil me requiert preste sui que (ge 𝔒)
le serue 𝔄𝔅𝔒 tant uassal esloigna de sa 𝔅 grant 𝔇⋅𝔍𝔅𝔐. — 16. =
𝔖𝔇⋅𝔍𝔅𝔐 tant chevalier espandi de bouelle 𝔑 *fehlt* 𝔄𝔅𝔒. — 17—19.
ersetzt durch: Et prist en champ et les mata de guerre Se li dus maime
et ie lui plus acertes Ja ne lairai por nulle rien soz terre La dame lot
a pou de duel ne derue Ja se mes lassent a mult petit de terme Quant
dans Giberz leur fort d'une chapelle Et danz .Ge. et mau. seur destre
Partant le lessent que ne uossent plus fere 𝔑. — 17. bien devroie 𝔅 ie
𝔅𝔒𝔇⋅𝔍 puis ases 𝔅𝔒 mult b. 𝔇⋅𝔍𝔐 sui 𝔐 *fehlt* 𝔄. — 18. *mit* 19. *umgestellt* 𝔖𝔇⋅𝔍𝔅𝔐. — 18. de la 𝔖𝔇⋅𝔍𝔅𝔐 *fehlt* 𝔄𝔅𝔒. — 19. Par parente
ne me 𝔄𝔅𝔒 Ne 𝔖𝔑𝔅 Nes 𝔍 Mais 𝔇⋅ por 𝔖𝔇⋅𝔍𝔅 ne 𝔅 puet 𝔅𝔒𝔐 pas
𝔄𝔅𝔒𝔖𝔇⋅𝔅 riens𝔍 li dus 𝔖𝔇⋅𝔍𝔅 *folgt*: Gentilz hom est et bien nez de
la (sa 𝔅) terre 𝔄𝔅𝔒. — 20—26. *ersetzt durch*: Giberz remest si commu oez
conter Et la roine et sa fille au uis cler Laiment an .11. ne sen puent
celer Ja la plus cointe ne sen pora uenter Parmi la bouche lor estut a
conter Le pris de lui et la large bonte Fera les dames toutes desesperer
Et la roine ce coite du saster Et por la fille quelle en cuide torner .I.
chamberlain en apelle a priue 𝔑102f5ff. — 20. = 𝔖𝔇⋅𝔍𝔅𝔐 soi si ramponer 𝔄𝔅𝔒. — 21. = 𝔇⋅𝔍 Tel duel en a le sens cuide (cuida 𝔒) desuer
𝔄𝔅𝔒 a 𝔖 si 𝔖𝔅𝔐 nose .1. mot sonner 𝔖 andurer 𝔐. — 22. = 𝔖𝔇⋅𝔍𝔅
Dedenz 𝔄𝔅𝔒 ses chambres 𝔅𝔒 sen est (a 𝔒) faite mener 𝔄𝔅𝔒 et fist 𝔐.
— 23. = 𝔖𝔍𝔅𝔐 Sor .11. coute sest alee acouter 𝔄𝔅𝔒 si 𝔇⋅ *folgt*: Si
𝔄𝔅𝔒 fist 𝔅 a 𝔄𝔒 dun paile son cief 𝔅𝔒 son chief dun paile 𝔄 acouueter
𝔅 acouuetei 𝔄𝔒. — 24. = 𝔖𝔇⋅𝔍𝔅𝔐 Omer 𝔄𝔅𝔒 *folgt*: .1. gentil home
et bien emparente 𝔄𝔅𝔒. — 20. = 𝔐 Il uint a li 𝔄170b𝔒 il 𝔅𝔖𝔍 uint
𝔍𝔅 kil nel osa veer 𝔖. — 26. = 𝔖𝔇⋅𝔍𝔅𝔐 la muet 𝔄𝔅 lauoit 𝔒 bel 𝔄
bien 𝔅𝔒 salue 𝔄𝔅𝔒. — 27. Bien uaingniez uos franz cheualiers loe 𝔄𝔅𝔒

Diua fet 𝔑 tu me dis 𝔑 ai 𝔖𝔇•𝔍𝔅𝔐 ame 𝔖𝔇•𝔍𝔅𝔐 *folgt*: .I. mien seruise uoz uoel ci commander 𝔄𝔅𝔇 Se tu sauoies a reson regarder Je tai nori et tenu en cherte 𝔑. — 28. = 𝔖𝔍𝔐 Si te donnai 𝔑 .1. bon branc acere 𝔄𝔅𝔇 pont 𝔇•𝔅 *folgt*: Dont li rois Othes apela Giboe Lespee est bone je la tai bien garde Tu laueras ie la te uel donner 𝔑. — 29. = 𝔄𝔅𝔇•𝔍𝔅 destrier 𝔐 que tant mas demande 𝔑 J. lamire 𝔖. — 30. Et tue le pues mult bien guerredonner 𝔑 De coi 𝔖 uostre 𝔅𝔒𝔅 li 𝔖 ieta mort (ius 𝔄) lamire 𝔄𝔅𝔇 ysore 𝔖 Aare 𝔇•𝔍 Aeare 𝔅 *folgt*: Et de tel chose ia nen seras blamez 𝔑. — 31. = 𝔄𝔇•𝔍𝔅 Gerb. 𝔅𝔇117a𝔖𝔑𝔐163c Gerin 𝔅𝔇𝔖𝔐𝔑 *folgt*: Et Mau. 𝔄𝔅𝔇𝔑 Priueement 𝔖𝔇•𝔍𝔅𝔐 a 𝔄𝔅𝔇 ie 𝔑 uoil 𝔖𝔇•𝔍𝔅𝔐 toz 𝔄𝔅 ces 𝔅 uoil 𝔑 a 𝔖𝔇•𝔍𝔅𝔐 trois 𝔄𝔅𝔇 a 𝔑 aus 𝔖𝔇•𝔍𝔅𝔐 uoel 𝔄𝔅𝔇 aus 𝔑 dous 𝔖𝔇•𝔍𝔅𝔐 parler 𝔄𝔅𝔇𝔖𝔑𝔇•𝔍𝔅𝔐. — 32—45. *ersetzt durch*: Dame dist jen sui toz aprestez Mais cil vous plest mon loier me donnez Comment quil roit fox nen soie clamez Celle li done quanquil ot deuise Et assez peus cil vosist demander Et cil sen ua el borc a son ostel Tant lor a dit quil le fet aler Entre .Ge. et Girbert lalose Et Mau. sont en la chambre entre 𝔑. — 32. = 𝔇•𝔍 Dame dist il tout a vo volente 𝔖 E. dist Gerars 𝔄𝔅𝔇𝔐 si *fehlt* 𝔅. — 33—39. *ersetzt durch*: Que (Car 𝔅) de son preu se doit chascuns pener Atant sentorne sauale (auala 𝔅) les degrez Tant quist le duc Gerb. (Ger. a quis tant 𝔄) quil la (a 𝔇) troue Cortoisement le (len 𝔇) prist a apeller 𝔄𝔅𝔇. — 33. ie 𝔖𝔐 ie en 𝔇•𝔍𝔅 ce ai 𝔐 que 𝔖𝔅𝔐 uos a dit aue 𝔐 couant 𝔇•𝔍𝔅. — 34. = 𝔇•𝔍𝔅𝔐 T. erranent 𝔖. — 35. = 𝔇•𝔍𝔅 iert delivres 𝔐 donne 𝔖. — 36. = 𝔖𝔇•𝔍𝔅𝔐. — 37. E. chieus li 𝔖 sil i 𝔐 conduire 𝔖𝔇•𝔍163a mener 𝔅𝔐 a son ostel 𝔖𝔇•𝔍𝔅𝔐. — 38. = 𝔖𝔇•𝔍𝔅 Gir. a d. 𝔐. — 39. = 𝔖𝔇•𝔍𝔅 en lor o. 𝔐. — 40. = 𝔖𝔍𝔅𝔐 gentiz dus honorez 𝔄𝔅𝔇 issi 𝔇•. — 41. = 𝔖𝔇•𝔍𝔅𝔐 mande la roine al uis cler 𝔐𝔇. — 42. G. alez 𝔖𝔇•𝔍𝔅𝔐 et Mau. le ber 𝔄𝔅𝔇 andui (!) 𝔍. — 43. Que uos aillies (usingniez 𝔄) tot .m. a li parler 𝔄𝔅𝔇 que *fehlt* 𝔐 preu uos 𝔖 prou 𝔇•𝔍𝔅𝔐. — 44. Gerb. respont 𝔅𝔇 li dus 𝔇•𝔍𝔅𝔐 tot a sa uolente 𝔄𝔅𝔇 en non de 𝔖 *folgt*: Que de nouel sui ci a li (vous 𝔇) remez Si doi bien faire toute (quq's 𝔇) sa uolente Tot maintenant se sont acheminé 𝔄𝔅𝔇. — 45. = 𝔖 Dedenz 𝔄𝔅𝔇 Jusqu' 𝔇•𝔍𝔐 Desqu' 𝔅 a 𝔇•𝔅𝔐 si les a amenes 𝔐 li deus 𝔅. — 46—81. *ersetzt durch*: Contre ex se lieue la roine al uis cler .Ger. enbrace tres parmi le baudre Et puis li a les (ses 𝔄) braz au col ietez .III. foiz le baise par molt granz amistez 𝔄𝔅𝔇. — *Ferner entspricht dem Inhalt die auf die ie-Tir. folgende e-Tir. in 𝔄𝔅𝔇 (vergl. die Tiradentabelle).* — 46. Cil 𝔑 repaire 𝔖 𝔇•𝔍𝔅 quant 𝔖 qui 𝔑 les 𝔑 il 𝔇•𝔍𝔅 i 𝔑𝔇•𝔍𝔅 ot 𝔑 ens entre 𝔖 menez 𝔑 entre 𝔇•𝔍𝔅 *fehlt* 𝔐. — 47—52. *ersetzt durch*: Nala pas tant lescul eust passe Nauoit que fere de leur euure conter H fust plus let son li rouast aler Toz .m. safient en .1. list lez a lez La dame siet en .1. list mult pare Desor .1. paile qui fu vers et rous Danes et dautres commencent a parler Dagais tastir et de cembiax porter Et a mesaise cheualerie user De tornoier et de souent ioster De poinz trencher et debares couper Dist la roine or oi vassal parler Gentis dus sire meruelles en sauez Nous somes mult sa dedans aprius aprius Encontre vous ne me couient celer 𝔑. — 47. = 𝔖 Et la roine 𝔐 les 𝔇•𝔍 les 𝔅𝔐 lis 𝔅. — 48. sasiet 𝔇• dous 𝔍 par 𝔖𝔍 deus 𝔇•𝔅 selez 𝔅 *fehlt* 𝔐. — 49. = 𝔅 Envers 𝔖 cors 𝔇•𝔍 uis 𝔐. — 50. = 𝔇•𝔍𝔅𝔐 par l. f. mult s. 𝔖. — 51. ensi (issi 𝔇•) uos oi nomer 𝔖𝔇•𝔍𝔅𝔐. — 52. D. uos p. 𝔅 mult oi 𝔖𝔇•𝔍𝔅𝔐. — 53. = 𝔖𝔇•𝔍𝔅𝔐 Je uos requier uostre amor 𝔑103a. — 54. = 𝔖𝔇•𝔍𝔅𝔐 Mes cheualiers et mes drus esterez 𝔑. — 55. De m. 𝔇•𝔍𝔅 c. feres 𝔖

faites D⸱JB vo S a vostre D⸱ totes J volente SD⸱ *fehlt* NM. — 56. =
S103dD⸱J est B *fehlt* NM. — 57. Onc D⸱ autre terre alez D⸱JBM regne
S *fehlt* N. — 58. = SD⸱JBM *fehlt* N. — 59. Fait N si com uous
commandez N vous m. S .v^c. m. D⸱JBM de de D⸱JB. — 60. = D⸱JB
Mamor aiez quant uous la requerrez N Je f. M tote vo volente SM.
61. = N que SJ morrois SD⸱JM deuiser SD⸱JB conter M. — 62. Au
proi le roi et a sa sauuete N De SD⸱J Les M de SD⸱J des B le M
iours SD⸱JB ior M jeuner SD⸱JB *folgt*: Et en bataille les ruiste cos
doner M. — 63. sor SD⸱JBM163d ceual S *fehlt* N. — 64. = D⸱BM
Mes SJ se ie puis encontrer N *folgt*: Qui ont le regne honi et vergonde
N. — 65. Ou en N grant D⸱JB bataille ND⸱JB ou N estor champe N
D⸱JB *fehlt* SM *folgt*: Je uos pleuis la moie loiaute Que des espees
seront desbarete Se il plest dieu le roi de maieste N. — 66. Del N M.
d' M autre SND⸱JBM chose M lairons N nule SD⸱J ja mar M ici
ester N ne S ja B me requerres M. — 67—82. *ersetzt durch*: Congie
demandent atant sen sunt torne Et la roine ne lor en sot nul gre N. —
Für den Schluss bietet N *nichts Entsprechendes.* — 67. no M p. quankes
S quanque D⸱J163bB quanque que M uos aues SD⸱JBM. — 68. Qu'an
(Que B) uers le roi ne fussiens (fussies J) D⸱JB Chose dont fuisse S
Que ne fussiens M periures S encuse D⸱JBM. — 69. = SD⸱JBM. —
70. = SD⸱JB Q'estranges M. — 71. = JB honor M ne *fehlt* S auoir
M et o. S aquester D⸱133c. — 72. Se BM bien foi SD⸱JBM. — 73.
= D⸱BM J son bon signour S. — 74. = SJBM fu D⸱. — 75. =
SD⸱JB fait M. — 76. = D⸱JM Qui SB. — 77. Or SB Ce M ge b.
SD⸱JBM ja riens ni f. M. — 78. SD⸱J Ce poise moi BM quant B
vous meut e. M. — 79. le me celes SD⸱JBM. — 80. = SD⸱JBM. —
81. = D⸱BM drece J cou o. S. — 82. salerent acouter SD⸱JBM andui
ABD acoutez AB au costez D. — 83. = AOD⸱JB salerent M uait B
est S apoier BM. — 84. li fiz begon SD⸱JBM ses nies SJB *fehlt* A
BD. — 85. Lez ABD au gent cors affaitie SD⸱JBM lama et tuit chier
ABD. — 86.—701. *fehlt* ABD. — 86. fist B fait M faites aprisier SD⸱J
BM. — 87. = SD⸱JBM. — 88. Vos i uenistes SD⸱JBM. — 89. ma S
D⸱JBM priere SD⸱J parole BM. — 90. De uo SD⸱JB estre mieus SD⸱
JB *fehlt* M. — 91. = D⸱ con ke S quanque JB *fehlt* M. — 92. =
SJBM uoz plaisirs D⸱. — 93. = SD⸱M c'une J *fehlt* B. — 94. Respont
li dus madame SD⸱J Et dist Gir. par ma foi M *fehlt* B. — 95. = S
D⸱JBM. — 96. = S soi D⸱JB la trait M164a — 97. eust J163c au
SD⸱JBM changie J. — 98. Elle eust bien SD⸱JB Ja eust elle M con-
quis SD⸱JBM quan SD⸱JB ce M quelle quiert SD⸱JBM. — 99. Et de
Gerb. SD⸱JBM eue SD⸱JB eust bien J ja eust M. — 700. Jamais li dus
ne s'en feist proier SD⸱JB *fehlt* M *folgt*: Mal de la busche qui ens ou
fu se siet Quant ou la soufle se ele n'esprent nient Tot por le duc vos
ai ice traitie Eschaufes fu sa coraige changie B. — 1. = SD⸱JBM. —
2. = SM Et la pucelle fu aual el A170cBD vergier ABD⸱B solier J.
— 3. estoit SBM alee SD⸱JBM *fehlt* ABD. — 4. = S104uD⸱JB Ou
mois M *fehlt* ABD. — 5. Sor ABD Desor SD⸱JB tint .1. mue ABD
tenoit M son D⸱. — 6. = B dune ele de (dele dun A) plouier ABD
si SD⸱JM. — 7. = M si ABDSD⸱JB uers le ciel ABD le s. B *folgt*:
A la fenestru du (dun D) grant ABD mur batillie A palais proisie B
marbre entaillie D. — 8. = D⸱SM Vit a Ger. la roine AB55bD a s. m.
JB *folgt*: Tel duel en a uiue cuide enragier ABD. — 9. = D⸱JBM sa
uoiz clere (haute B) ABD hoise S. — 10. = SD⸱J Par dieu Ger. trop
iez outrecuidiez ABD com e. M aiesiez B. — 11. = M Vos D⸱JB

fehlt 𝔄𝔅𝔇𝔖. — 12. Si fait 𝔖 D'itel 𝔇 tez sodees 𝔄𝔅𝔇 mestier 𝔄𝔇𝔖 𝔇𝔍𝔅𝔐. — 13. = 𝔖𝔇𝔍𝔅𝔐 feroit uos uergoignier 𝔄𝔅𝔇. — 14. Tost uous feroit celle 𝔐 poez 𝔇𝔅 a *fehlt* 𝔖𝔇𝔍𝔅𝔐 rongnier 𝔐 *fehlt* 𝔄𝔅𝔇. — 15. = 𝔖𝔍 ou a 𝔐 ou 𝔇𝔅𝔐 de *fehlt* 𝔐 *fehlt* 𝔄𝔅𝔇. — 16.—19. *ersetzt durch*: Cant (Com 𝔅) noit (uit 𝔄) Ger. que il fu agaities (espiiez 𝔄) Tel honte en ot que il sest enbronchiez (enbussies 𝔅) 𝔄𝔅𝔇 Desor (Desore 𝔇) .1. lit par tel uertu coucies (s'asiet 𝔇) 𝔅𝔇 Por tel uertu desor .1. lit sasiet 𝔄 De chief en autre (chief 𝔄) fist (a 𝔅 fet 𝔇) des pecous (quepoz 𝔄) ploiier (brisies 𝔅 brisier 𝔇) 𝔄𝔅𝔇. — 16. correcier 𝔖 𝔇𝔍𝔅𝔐. — 17. = 𝔐 s'a 𝔇𝔍𝔅. — 18. atant 𝔖𝔇𝔍 errant 𝔅 ll dus 𝔐. — 19. Nel 𝔖𝔇𝔅 puis 𝔇𝔍𝔐.

Anlage V.

Varianten 𝔍 von 𝔅'. — Vgl. Vietor 1. c. Anlage 8 (S. 94).

87. cil 𝔍176c. — 88. nus 𝔍 leurier 𝔍 *folgt*: Et cort plus droit que quarres ne destant 𝔍. — 89. = 𝔍. — 90. 91. *umgestellt* 𝔍. — 90. desmaille 𝔍. — 91. Por la lite li pecoie 𝔍. — 92. = 𝔍. — 93. = 𝔍. — 94. la curie en 𝔍. — 95. tranche au cheual par devant 𝔍. — 96. et tranchent maintenant 𝔍. — 97. Dont 𝔍. — 98. = 𝔍. — 99. Puis li a trait do 𝔍. — 100. Si la laissie a la t. gisant 𝔍. — 101. sareste sa mis 𝔍. — 102. A lui 𝔍. — 103. le trast 𝔍 en c. 𝔍. — 104. Ja 𝔍. — 105. li agais s. fors do bruel maintenant 𝔍. — 106. Li quens Guill. 𝔍. — 107. Qui 𝔍 li escrie anseis hautement 𝔍. — 108. il vos 𝔍. — 109. *fehlt* 𝔍. — 110. tos 𝔍 taint 𝔍. — 111. J. relasa 𝔍 de d. 𝔍. — 112. s'a ostoie 𝔍 *folgt*: Ses uit uenir que miex miex qui anz ans 𝔍. — 114. Li dus s'abaisse 𝔍 de son l. ch. 𝔍. — 115. = 𝔍. — 116. par la resne ne prant 𝔍176d. — 117. s'en 𝔍 fuiant 𝔍. — 118. est 𝔍. — 119. = 𝔍. — 120. a *fehlt* 𝔍 masse de sa g. 𝔍. — 121. pueple i ot entasse t. 𝔍. — 122. = 𝔍. — 123. Quil n'i passast ne ni eust garant 𝔍. — 124. Deu r. si se segna devant 𝔍. — 125. = 𝔍. — 126. Cil quil chasoient 𝔍. — 127. el premier chief deuant 𝔍 *folgt*: Qui li escrie a sa uois hautement 𝔍. — 128. il uos 𝔍. — 129. bons 𝔍 Floris 𝔍 porte assez 𝔍. — 130. ja 𝔍. — 131. lentent 𝔍 molt 𝔍 malement 𝔍. — 132. qu'il 𝔍 premierement 𝔍. — 133. Si li 𝔍 do cheual blanc 𝔍. — 134. = 𝔍. — 135. Et 𝔍. — 136. Desoz 𝔍 li persoie 𝔍. — 137. li desmaille 𝔍. — 138. 139. *umgestellt* 𝔍. — 138. l'espie 𝔍. — 139. Li fera s'a. derrier en 𝔍. — 140. = 𝔍. — 141. Que 𝔍 li tost 𝔍. — 142. = 𝔍. — 143. deuer liaume luisant 𝔍. — 144. par la resne le p. 𝔍. — 145.—148. *fehlen* 𝔍. — 149. = 𝔍. — 150. Si en leue 𝔍 pont 𝔍. — 151. en moine 𝔍 qui 𝔍. — 152. es mains et 𝔍. — 153. = 𝔍. — 154. F. i noe 𝔍 acesmeement 𝔍. — 155. Que n'i moilla le musel de d. 𝔍 *folgt*: De lautre part arive si descent 𝔍. — 156. = 𝔍. — 157. qui loire 𝔍. — 158. = 𝔍. — 159. uait 𝔍 .II. 𝔍. — 160. Et 𝔍. — 161. est de vo 𝔍. — 162. = 𝔍. — 163. = 𝔍. — 164. = 𝔍. — 165. ou bruillet oltre 𝔍. — 166. Mi 𝔍. — 167. que de la teste perdre 𝔍. — 168. sortrent par la bruelle nouele 𝔍. — 169. = 𝔍. — 170. m'enp. cist dous 𝔍. — 171. a poi de duel 𝔍. — 172. ala le roi requerre 𝔍. — 173. dist 𝔍 m. puis ore dolante 𝔍. — 174. 175. *umgestellt* 𝔍. — 174. Qui t. a en v. c. f. 𝔍. — 175. Do uiel Fro. 𝔍. — 176. *fehlt* 𝔍. — 177. cuida trenchier 𝔍. — 178. vanges 𝔍. — 179. or le l. 𝔍177b. — 180. Prin 𝔍 demein 𝔍 iert 𝔍. — 181. les 𝔍. —

182. = J. — 183. Si meterons J. — 184. = J. — 185. ior J. — 186.
que dites vos chaele J. — 187. requerre J. — 188. = J. — 189. = J.
— 190. Li uiax F. en entent J. — 191. se uiaut J. — 192. en enrage
et desue J folgt: Il fait uenir les barons de sa terre J. — 193. La J
destrier J. — 194. frains et riche J. — 195. lacier et uestir J. — 196.
Et tant espee sainte J coste senestre J. — 197. nueue sele J. — 198.
si s. J. — 199. Tote la cort J. — 200. deigna J.

Anlage VI.

Varianten JDD von D. — Vgl. Vietor: Anlage 9 (S. 103 ff.).

1. = J201b30 D142d34 D159d21. — 2. = J201c D fehlt D. — 3. =
JD fehlt D. — 4. tuit fehlt J tot D ensemble a .1. m. D. — 5. = JDD.
— 6. matin J que j. (il) fu esclairiez JD fehlt D. — 7. Reniers JD li
abes Desiers D. — 8. = J amis prochiers D p. procains ert D. — 9.
= J la noise D decofrent D. — 10. Apres JDD s'asisent a D. — 11.—13.
fehlen D. — 11. = J que q. Frod. D143a. — 12. = D daintiers J. —
13. = J Et voleille D. — 14. s'en JD por lors cors aasier D. — 15.
= J A lor ostel lise sunt repairiet D fehlt D. — 16. chanbre JDD s'eh
vet D. — 17. = D et il et J aveques D. — 18. Hernaiz JDD li fier
D. — 19. la sale D sunt couchiet el D gisent et .n. soliers D fehlt J.
— 20. Or escouteis JD Or orres ja D des D huissiers D trotier D
traitiers J. — 21. = JD conforte D qui tot a a jugier D. — 22. lec-
teor D est mainz hons D Car gloton sunt maint home engignie J. —
23. = J r. hons D traiz D losengiers D. — 24. = D Que D s. honors char-
longier J. — 25. = JD as roches D as soliers D. — 26. = D nel J
qu'il li ont D laissie D. — 27. = JDD. — 28. = J S. cor D Sus lor
corurent D as f. e. as l. D lagniers D. — 29. = D l'a. e. J mehagnie
D folgt: D = C. — 30. = D Dusqu'a D Tant qu'al J en s. J. —
31. A voiz escrie (escrient J) compaignon (borguignon J) car m'aidiez J
DD. — 32. = DD Cist J durement J. — 33. = J201d DD. — 34. =
DD tresque J. — 35. = J furent siz D felon b. D. j. et fol et tres
cujdiet D folgen: 1) D = F 2) D = B. — 36. se sont entralie (en-
talie J) JD Prenent espee et pestiaus et leuiers D. — 37. Es J metent
JD arriere D Es la melles et lestour commenciet D. — 38. = J, D =
S (D vgl. Vietor). — 39. = J (D vgl. Vietor). — 40.-44. = J. — 45.
J = F. — 46. = J. — 47. d'Orliens J. — 48. fehlt J. — 49.—50. = J.
— 51. se J vint J por apoier J. — 52. du b. J. — 53. = J. — 54.
J = D*. — 55.—58. = J. — 59. 60. umgestellt J. — 59. s'i J. — 60.
et lait J le cop s. J. — 61. Desor J. — 62. fehlt J. — 63. = J. —
64. en la fosse J voler J. — 65. J = S. — 66. condolant J deseure J.
— 67. commence a deualer J. — 68. V. en J. — 69. fehlt J. — 70. naie
si s. J. — 71.—72. = J. — 73. = D d. a miles m. y. J. — 74.—76. = JD.
— 77. Ne reverres jamais J ne sain ne vif J, D = A. — 78. a pou
n'enrage vis J du s. c. sissir D. — 79. = J, D = A. — 80. = JD. —
81. = J Dius sire p. D. — 82. = J la pris D. — 83. et on J, D = A. —
84.—85. = JD. — 86. On J En D .1. bon cheval D. — 87. Hernatis i est
s. J J. e. es a. s. D. — 88. Mist a son col JD son f. J folgt: En son
poig prist (Pr. en s. p.) .1. roit espiel bruni (forbi) JD. — 89. = D s'est
J folgt: A la main destre le bon espiel seisi D. — 90. = JD143c. —

91. = ℑ virent D. — 92.—93. = ℑD. — 94. = ℑ en s'aie D. — 95. = ℑ202b acoillis D. — 96. 97. *umgestellt* D. — 96. = ℑ Es voies g. et ca IIII ca V ou VI D. — 97. de marchis que d'ocis ℑ Qu'i molt en ont de n. et d'o. D *folgt*: Li .ı. n. et li autres maumis D. — 98. On le nonsa ℑ au conte D le uallet .frod. ℑ. — 99. ℑD = 𝔄 *folgt*: D = 𝔅. — 100. sa ℑ, D = 𝔄. — 101. = ℑ Ha Fro. s. D. — 102. = D t. en p. ℑ. — 103. = ℑD. — 104. mulement D envaiz ℑ malbailli D. — 105. = ℑD. — 106. que d'o. ℑ, D = ℭ. — 107. Doz ℑ li venere g. ℑD. — 108. = ℑ loi D a p. n'e. v. D. — 109.—110. = ℑD. — 111. a *fehlt* ℑ *fehlt* D. — 112. Les L. D soient D maudit ℑD. — 113. = ℑ, D = 𝔄. — 114. = D f. ueneres g. ℑ. — 115. raves ℑ le mien D *folgt*: D = 𝔄 Fins n'en iert faite mais de ci au iuis ℑ. — 116. on D li a ℑD. — 117. = ℑD. — 118. 119. *umgestellt* ℑD. — 118. son f. ℑ *fehlt* D. — 119. = ℑD.

Anlage VII.

Das von M. de Vries in der Tijdschrift voor Nederlandsche Taal- en Letterkunde III. (83) mitgeteilte Fragment von Zieriksee[1]), S. 9, ist das Bruchstück einer holländischen Bearbeitung des Garin; es entspricht Paris 1, 278—284 und umfasst f⁰. 14e54— 15a23 von 𝔅 (𝔄 45a5, D 28d17, 𝔉 32d21, ℭ 24b3, D 29a16, 𝔑 62f48, ℑ 42a26, 𝔐 42a20), also ca. 120 Verse. Die trümmerhafte Überlieferung sowie die Kürze des Fragmentes erschweren die Bestimmung der zu Grunde liegenden französischen Redaktion, zumal die Hss. der Geste des Lohcrains für diese Partie nur geringe Abweichungen untereinander aufweisen. Einen, wenn auch schwachen Anhaltspunkt scheinen die Verse 21—24 des Fragmentes zu gewähren; sie lauten:

 21 Nu hort vanden verradre fel
  Barnaerde von Naisel, die was
  Ins conincs hachte, als ic las,
 24 Daerne Begge ghevaen brachte.

und entsprechen in 𝔑:

  Or escoutez de bernart de naisil
  Qui ert en prison deuers le roi pepin
  Il vit le roi de gent a escheri
  Or escoutez du traitor quil fist.

Varianten 𝔄𝔅D𝔉ℭD𝔑ℑ𝔐 von 𝔑: 21. = 𝔄𝔅D𝔉Dℑ entendes ℭ𝔐 dist 𝔐 *folgt*: Le traitor qui onques bien ne fist 𝔅. — 22. *fehlt* 𝔄𝔅D𝔉 ℭD𝔑𝔐. — 23. Com 𝔅 qui 𝔄𝔅Dℭ D𝔐 quil ℑ fu 𝔄𝔅D𝔉ℭℑ ert ℭ𝔐 descheri ℑ ascheri 𝔐. — 24. = D𝔐 entendes ℭ dist 𝔄𝔅D𝔉ℑ *fehlt* 𝔅.

---

1) Angezeigt Romania XII. 416. — Über die holländischen Bearbeitungen vgl. Vietor l. c. S. 14, ferner die Anzeige von H. Fischer's: »Zwei Fragmente des mittelniederländischen Romans der Lorreinen«

Aus den Varianten ersehen wir, dass der Vers: »Qui ert en prison deuers le roi pepin« nur von $\mathfrak{R}$ geboten wird; diesem Verse entspricht in dem holländischen Fragment »die was ins conincs hachte.« Es scheint demnach das Fragment zu $\mathfrak{R}$ am nächsten zu stehn[1]).

---

durch Stengel in den Rom. Stud. III. 143; ebenso vgl. Heuser l. c. S. 8, fernerhin ist die Anzeige von Matthes': »De Roman der Lorreinen«, Groningen 1876, durch Stengel in den Rom. Stud. III. 137 ff. zu vergleichen.

1) Vgl. Rom. Stud. III. S. 137, bes. 142.

ANHANG.

Da ich vorläufig noch nicht absehen kann, wann ich die Fortsetzung meiner Dissertation werde zum Abschluss bringen können, so sei es mir gestattet, im Anschluss an vorstehende Arbeit, die mit der meinigen ja im Zusammenhang steht: 1) zu handeln über Beziehungen der Chevalerie Ogier zu der Chanson des Loherains; 2) den Text des Lothringer-Bruchstücks 3^b (vgl. oben Seite 7 Anm.) nebst Varianten hier anzuschliessen.

Giessen.   E. Heuser.

I.
Die Chanson des Loherains eine Quelle der Chevalerie Ogier.

Schon Reimann hat A. A. III. 96 bemerkt, »die Einleitung zur Belagerung von Gironville ist genau so geschildert wie in der Chevalerie Ogier die Belagerung von Chastel-Fort, ja es lässt sich sogar wörtliche Übereinstimmung constatieren«; er verweist dann auf den Schluss von Stengels Abdruck des Girbers in Rom. Stud. Die Ähnlichkeit oder vielmehr Übereinstimmung geht aber noch bedeutend weiter, indem sie von Ogier umfasst die Verse 6637—6870 und 7084—7208.

Es erhebt sich daher die Frage: welcher der beiden Texte ist Original? Das würde an und für sich schwierig zu bestimmen sein, da die Angaben über das Alter des Ogier schwanken. (Cf. G. Paris in Hist. litt. XX. 693, Barrois préf. XLIV, Hist. litt. XXII. 644. G. Paris in der Hist. poét. 307 setzt den Text allgemein ins 12. Jahrhundert, in welche Zeit aber auch die Ch. des Loh. fällt.) Indessen ist die uns überlieferte Redaktion des Ogier jedenfalls jünger als die jetzige Redaktion der Ch. des Loh., denn wie sich aus den unten mitgeteilten Varianten der Lothringer-Hss. 𝔄𝔅ℭ𝔇𝔈𝔉𝔍𝔐𝔒𝔓𝔔𝔖 ergiebt, stimmt

Ogier nicht mit der Hauptgruppe BACD, sondern mit der mittleren Gruppe DFJOS (vgl. besonders die Verse 6733 ff.), sodass (die Richtigkeit der Vietorschen Handschriften-Classification vorausgesetzt, und bisher hat sich trotz zahlreicher Nachprüfungen gegen dieselbe im Grossen und Ganzen nicht viel einwenden lassen, sondern sie wird durch die von mir und Krüger gegebene Synopsis im Wesentlichen noch gestützt), nur eine Entlehnung seitens der Chevalerie Ogier aus der Ch. des Loh. möglich ist.

Es folge nunmehr, um die Richtigkeit der obigen Angabe sicherzustellen, der Text des Ogier 6637—6870 und 7084—7208 nach Barrois' Druck mit den Varianten der Lothringer-Handschriften AB CDEFJMOPQS. (Die rechts neben dem Text stehenden Varianten sind die der Durham-Handschrift Ogiers nach einer von Herrn Prof. Stengel freundlichst angefertigten Copie. Da der Barrois'sche Text den Lothringern im Ganzen näher steht als Ms. Durham, so konnten aus letzterem Text nur die Varianten mitgeteilt werden.)

De totes pars fu* la terre poplée
D'aubers et d'elmes et de tentes levee,*
De chevalier* et de gent ben armée
Et Kalles* jure le roi de Galilée
N'en* partira por vent ne por gelée,
Si ert la tor jus aval* cravantée
Qui si siet droit sus* la roche quarrée
(Caïns le fist, il et Abel ses frere),
Et Ogiers pris et sa gent lapidée*

6637 [92a15] est
38 esclarcist la contree, *folgen*: quatre vint mil furent de renomee — 39 ch—s
40 li rois
41 Ne
42 tor a terre
43 est haute sor
44 *fehlt*
45 sa gent tout afolee, *folgen*: Et a chevaus saehie et trainee Mar i ont fait envers moi asanblee

37 = A160c3 B51e4 D117d4 F117a4 J148b30 O110b35 Q119a29 S95b12; on (fu MP) la ville C237a13 M149a13 P149a13 X74a14. — 38 = FOOS *fehlt* ABX d'armes DJ[148c]; lances l. CMP. — 39 = BADJOOS *fehlt* X De ch. fu molt grans l'asemblee F Dech. et de grant gent armeie CMP. — 40 *fehlt* F Et Fromons j. DCJMPOCX Fromont en j. BAO; Jesu de G. BADCJMOPOX l'ame Hardre son pere S. — 41 N'en tornera DCJMOPOCX Ne s'en ira F Ne s'en torra B Ne se movra A; p. noif BADCFJMOOCX *folgt*: Se (Ne CMPX) par bataille ADCFJMOPOX; n'en sunt (est ADOQ iert CMPX) sa gent ostee (torneie ACPX) ADCFJMOPOX. — 42 S'iert la granz tors BADFJO[110c]OS Si iert la tors CMPX; cadeval FJ a aval O a (par AO) terre ACMOPGS contreval B enlevee D; acraventee O. — 43 *fehlt* X; droite Q haute O Qui si est droite CMP Ki est si haut S Qui tant (si A) est haute BA; sor BADCFJMPO en S; freemee ACMPS pavee O. — 44 = BADFJOPOCX et abiaus et ces freires CM. — 45 *fehlt* BAOSX Del tot i ment (vint CMPX itant D) DCFJMPOX; li max traitre

Mais je croi bien q'il a* folle pensée:
Lonc-tans i puet faire la demorée,*
Ne le prendroit ne rois ne emperere
Se la gent n'est par-dedens afamée.
Castiel-Fors siet* fermés en un regor,
En* une roce du tans ancianor;
Li marescages fu mult grans* tot entor,
Qui si pantoise le trait* d'un arc d'aubor,
N'i entreroit* serjans ne vavasor,
Muls ne somers, cevals ne* missodor,
Qui du fangar issist mais à nul jor.*
De l'autre part une eve rade cort,
Noire* et hiddeuse qui la** bat à la tor.***
Kalles li rois l'assist par grant vigor,*
Forment maldist* Ogier le pugneor,
Li et ses homes ocirra à dolor;
Mais se deu plaist, le verai creator,*
De li mal faire* n'ara pooir nul jor.
Castel-Fors est fermés en* un valcel,
Sus une* roce qi est du tans Abel;
Caïns le fist et li fil* Ysrael.
Une fontaine sort enmi le castel,
Par un conduit vint corant à ruissel;*

6646 aient
47 L. t. puet bien la faire demouree
50 est
51 Sor
52 i fu grans
53 Qu'on n'en trairoit, *folgt*: Molt par est grans la crolliere d'entour
54 avenroit ne
55 ne destrier
56 Qui s'en i. ja m. en nesun j.
58 *Grant **li ***tout entour
59 irour
60 [92b] manache, *folgt*: Et jure Dieu l'umaine creatour
62 le pere glorious
63 ochire
64 sor
65 En son la
66 Le chastiel fisent Caains et
68 vient la sus au tuel, *folgt* 73

leres 𝔇𝔉𝔍𝔒 li traites li leires 𝔈𝔐𝔅. — 46 *fehlt* 𝔈𝔐𝔅𝔛 Diex le confonde et Marie sa mere 𝔅𝔄𝔇𝔉𝔍𝔒𝔒. — 47 *fehlt* 𝔅𝔄𝔇𝔈𝔉𝔍𝔐𝔒𝔅𝔒𝔛. — 48 = 𝔅𝔄𝔇𝔈𝔉𝔍𝔐 𝔒𝔅𝔒[119b] *fehlt* 𝔛 n'amiraus n'empereres 𝔖. — 49 *fehlt* 𝔅𝔄𝔇𝔈𝔉𝔍𝔐𝔒𝔅𝔒𝔛.
50 *fehlt* 𝔛 Geronville est fermée 𝔅51e54 𝔄160d25 𝔇1118c32 𝔈237c5 𝔉117b19 𝔊148d25 𝔐149c5 𝔒110d10 𝔓149c5 𝔔119c4 𝔖95c18. — 51 = 𝔇 *fehlt* 𝔛 Sor 𝔅𝔄𝔇𝔈𝔉 𝔍𝔐𝔅𝔖 Sus 𝔒. — 52 *fehlt* 𝔅𝔄𝔇𝔈𝔉𝔍𝔐𝔒𝔅𝔒𝔛. — 53 *fehlt* 𝔛 Laiens avoit (repaire 𝔄) maint riche (gentil 𝔐 vaillant 𝔒) poigneor (vavassor 𝔈𝔐𝔅) 𝔅𝔄𝔇𝔈𝔉𝔍𝔐𝔒𝔅𝔒𝔖. — 54 *fehlt* 𝔈𝔐𝔅𝔛 Contes et princes demaines (maint fiz de 𝔄) vavassors 𝔅51f 𝔄𝔇𝔉𝔍𝔒𝔒𝔖. — 55 *fehlt* 𝔛 Qui de Girbert tenoient lor (les 𝔐𝔒) honor 𝔅𝔄𝔇𝔈𝔉𝔍 𝔐𝔒𝔅𝔒𝔖. — 56–58 *fehlen* 𝔅𝔄𝔇𝔈𝔉𝔍𝔐𝔒𝔅𝔒𝔛. — 59 *fehlt* 𝔛 Fromons lor mist (met 𝔅𝔄𝔒) le siege par vigour 𝔅𝔄𝔇𝔈𝔉𝔍𝔐𝔒𝔅𝔒𝔖. — 60 *fehlt* 𝔛 De maintes (toutes 𝔈𝔐𝔅) terres manda (i out 𝔒) engigneors 𝔅𝔄[161a]𝔇𝔈𝔉𝔍149a]𝔐𝔒𝔅𝔒𝔖. — 61–63 *fehlen* 𝔅𝔄𝔇𝔈𝔉𝔍𝔐𝔒𝔅𝔒𝔛.
64 Geronville est fermée en 𝔅51e39 𝔄160d9 𝔈112c8 𝔇118c15 𝔈237b20 𝔉117b2 𝔊148d8 𝔐149b20 𝔒110c33 𝔓149b20 𝔔119b28 𝔖95c1 𝔛74a22. — 65 Sor 𝔅𝔄𝔈𝔈𝔉𝔍𝔐𝔅𝔒 𝔒𝔛; qui fu 𝔅𝔄𝔈𝔈𝔉𝔍𝔐𝔒𝔅𝔒𝔛. — 66 et si autre cael 𝔅𝔈𝔉𝔍𝔒𝔒𝔖 et ces freires Abels 𝔈𝔐𝔅𝔛 et maint autre recet 𝔄. — 67 = 𝔅𝔄𝔈𝔉𝔍𝔒𝔒𝔖 court 𝔈𝔐𝔅𝔛. — 68 *fehlt* 𝔅𝔄 vint (va 𝔈𝔈𝔐𝔒𝔅𝔛 cort 𝔍) lasus (a mont 𝔖 laiens 𝔐 sus 𝔈) en (par

Laver i pueent serjant et damoisel,* 6669 ensamble mil dansel
Borjois et dames, chevalier et dansel,* 70 i mainent lor revel
Et redescent d'autre part au tuiel, 71 *fehlt*
Parmi la tor qi fu faite à cisel; 72 *fehlt*
Del brut* de lui tornent troi** 73 *rui **doi *vor* 69
  molinel
Qui ne s'arestent ne esté ne yver, 74 *fehlt*
Ne por le siége, jà ne lor iert tant près. 75 *folgt:* Ne laisseront lor gieu ne lor avel
Une eve rade cort entor le castel,
Qui par aferme le maistre borc novel:* 77 p. ferme le bourc et le chastiel
Rosne l'apelent et viel et jovenciel —
Là fu Ogier qi i fait son avel;* 79 O. au plus maistre cretel
Kallon ne prise vaillant un calemel:
Quant il velt faire à ceaus defors cenbel 81
Dont fait tentir un petit moëniel;
Au cri s'en issent tel* trois cent damoisel, 83 tel *fehlt*
N'i a celui ne soit vestus d'auberc,* 84 n'ait hauberc et clavel
De nos Francois* font dolerous maisel 85 Des gens Karlon
A maint en font espandre le cervel,
Et maint en mainent prisonier el castel, 87 *fehlt*
Dont Kallemaine à poi n'ist de sa pel.
Grans sont les os Kallon le fil Pepin; 89
Castel-Fort ont par poesté assis;
Kalles en jure saint Pol et saint Martin* 91 j. le baron saint Denis

un 𝔊 par 𝔊𝔐𝔒𝔓𝔛 a 𝔒 d'un 𝔖) tuel (ruel 𝔊𝔒) 𝔊𝔊𝔉𝔍𝔐𝔒𝔓𝔒𝔖𝔛. -- 69 Li vont 𝔅𝔘𝔊𝔉𝔍𝔒𝔖 La vont laver 𝔊𝔐𝔓𝔛; borjois 𝔒 baron 𝔖 chevalier et dansel 𝔘𝔊𝔐𝔓𝔛. — 70 = 𝔅𝔊𝔍𝔒𝔖 *fehlt* 𝔊𝔐𝔓𝔛 Princes 𝔒; serjant et damoisel 𝔘 serjant et li 𝔉 puceles et 𝔒. — 71 = 𝔅 Et si descent 𝔖; le ruissiel 𝔘 par ruissel 𝔊 par t. 𝔊𝔉 𝔍𝔐𝔛 par ruel 𝔒 le t. 𝔓 a ruissiel 𝔒𝔖. — 72 = 𝔅𝔘𝔊𝔉𝔍 *fehlt* 𝔒𝔛 P. le feu 𝔊𝔐𝔓 P. les cors 𝔒110d; afaitie 𝔊𝔐𝔓 qui sont faite 𝔒 entaillie 𝔖. — 73 = 𝔊𝔉 𝔍𝔒𝔖 Don roit 𝔘𝔊𝔐𝔒𝔓𝔛(74b); del aigue 𝔘𝔒; molent 𝔅𝔘 torne 𝔛; li 𝔘. — 74 = 𝔅𝔘𝔊𝔊𝔉𝔍𝔐𝔒𝔓𝔒; areste 𝔛; n'en este n'en y. 𝔖. — 75 = 𝔍𝔒 *fehlt* 𝔅 nul s. 𝔘𝔊 𝔊𝔐𝔒𝔓𝔛 ja nel aront 𝔉 soit lor u lait u biel 𝔈 iert si pr. 𝔘𝔊𝔊𝔐𝔒𝔓𝔛. — 76 = 𝔅𝔊𝔊[237c]𝔉𝔍𝔒𝔓[149c]𝔒; aigue douce 𝔘 roide aige 𝔐(149c); enmi 𝔈𝔛. — 77 = 𝔒 *fehlt* 𝔊𝔐𝔓𝔛 Qui a ferme 𝔅𝔘𝔊𝔉𝔍𝔒𝔖. — 78—81 *fehlen* 𝔅𝔘𝔊𝔊𝔉𝔍𝔐𝔒𝔓𝔒𝔖𝔛. — 82 Quant ont besoin 𝔅𝔘𝔊𝔊𝔉𝔍𝔐𝔒𝔓𝔒[119c]𝔖𝔛; sonent j. 𝔅𝔊𝔘𝔉𝔍𝔒𝔒𝔖 cornent j. 𝔊𝔐𝔓𝔛; ivorel 𝔘. — 83 .t.vij. xx. 𝔙𝔘𝔊𝔊𝔉𝔒𝔓𝔛 .vij. C. 𝔐 .iiij. C. 𝔒 .v. C. 𝔖 icel .vij. 𝔍. — 84 = 𝔒𝔖 N'en i a nul 𝔉; qui n'ait 𝔅𝔘𝔊𝔇𝔊𝔉𝔍𝔐𝔒𝔓𝔛; vesti 𝔊𝔐𝔓 vestut 𝔅𝔘𝔊𝔇𝔍𝔊𝔛; l'aubert 𝔅𝔘𝔊𝔒𝔛 haubert 𝔒𝔍 bel penoncel 𝔉. — 85—91 *fehlen* 𝔅𝔘𝔊𝔇𝔊𝔉𝔍𝔐𝔒𝔓𝔒𝔖𝔛, *dafür folgen* 7650-60 *und eine e-Tirade*.

N'ara repos dusq'au jor de sa fin*
Trébuquiaus fist, mangoniaus et
　　　　engins,*
Puis a mandé l'engigneor Malrin,
Cil fu conpains Constant d'Outre
　　　　Marin:
Plus sot de fust* que nus clers de
　　　　latin;
En Alixandre le prisent Sarrasin.
Sos ciel n'a tor ne castel si garni,*
Recet ne valce, ne mote ne plaiseïs,*
Se il i puet converser quinze dis,*
Qu'il ne l'ait ars* et abatu et pris.*
Mult par fu liés li rois quant il
　　　　le vit.
Covenenchié* li a mil mars d'or fin
Et trente pailes et vingt destriers
　　　　de pris,
Et sept mantiaus et dix peliçons gris,
Se il li rent cel* fort castel marbrin.
Li engignieres maintenant respondi:
»Jà n'en arai* vaillant un parisis**
Dusque la tor qi est de marbre bis,
Qui plus est blance que ne soit uns
　　　　hermins,

6692 au soir ne au matin, *folgt*:
S'ara Ogier fait traire mal destin
— 93 fait charpenter et formir,
folgt: Et s'a fait faire un moult
tres riche engin

96 d'engien

98 valce ou chastel marbrin
99 [92c] R. maison ne celier sou-
sterin — 6700 faire vm. jours
le sien couvrir — 1 *Quil* ne l'arde
et mete a male fin.

3 En convenant

6 le

8 * aura ** angevin

6692—93 *fehlen* 𝔅𝔄𝔊𝔇𝔉𝔍𝔐𝔒𝔓𝔒𝔖𝔛. — 94 Fromons manda 𝔅51f48 𝔄161b15
ℭ112d36 𝔇119a23 ℭ237d24 𝔉117a32 𝔍149b17 𝔐149d22 𝔒111a17 𝔒119d15 𝔖95d8 𝔛74c
langignor amauri 𝔛. — 95 = 𝔅𝔄𝔊𝔇𝔉𝔍𝔒𝔒 *fehlt* 𝔖𝔛 d'outre le rin ℭ𝔇𝔓 *folgt*:
Soudoiers fu Guillelme de Monclin 𝔅𝔄𝔊𝔇𝔉𝔍𝔐(nach96)𝔒𝔒𝔖,ℭ𝔓𝔛(vor98). — 96. =
𝔄ℭ𝔇𝔉𝔍𝔐𝔒𝔓𝔒𝔖 Plus . d'engien 𝔅 (in 𝔅𝔄𝔊𝔇𝔉𝔍𝔐𝔒𝔓𝔒𝔖 *mit dem folgenden
Verse umgestellt*) do fait 𝔛. — 97 = 𝔅𝔄𝔊𝔇𝔉𝔍𝔒𝔒𝔖 *fehlt* 𝔛 le premier S. ℭ𝔐𝔓
folgt: Et plus d'angin que ne sot Acarins ℭ[113a]𝔇𝔉𝔍𝔐(vor98)𝔒,ℭ𝔓𝔛(nach96). —
98 = 𝔄ℭ𝔇𝔉𝔍𝔒𝔒 El mort ℭ𝔐𝔓𝔖𝔛; ne recet si 𝔅; signori ℭ𝔐𝔓𝔛. — 99. *fehlt*
ℭ Castel 𝔅; voute 𝔅𝔄𝔊𝔇𝔉𝔍𝔒𝔒; R. maison 𝔓𝔛 R. nen not 𝔐 donjon ne pl. 𝔅
ne mur ne pl. 𝔄ℭ𝔇 ne mote en pl. 𝔇𝔍 mote ne pl. 𝔉𝔐𝔓𝔒𝔛. — 700 = 𝔅[52a]
𝔄ℭ𝔍𝔐𝔒𝔓𝔒𝔖𝔛 Se cil 𝔇[119b]𝔉. — 1 = 𝔉[117b] Que 𝔇𝔐; ou . ou 𝔅𝔄ℭ𝔇
𝔍𝔐𝔒𝔒𝔖. — 2 = 𝔍 M. en fu 𝔅𝔄ℭ𝔇𝔖; Fromons quant 𝔇𝔉𝔐𝔒𝔖;
la vit 𝔐. — 3 = 𝔄ℭ𝔇𝔉𝔍𝔒𝔒 En convenant 𝔅𝔖 En convenance 𝔐. —
4. = 𝔐 et .x. 𝔅𝔄ℭ𝔇𝔉𝔍𝔒𝔒; chevaus ℭ. — 5 = 𝔅𝔄ℭ𝔇𝔉𝔍𝔒𝔒 Et .v. 𝔐 .vŋ.
mantiaus riches 𝔇. — 6 S'il deserite Gerbert de son pais (le fil Garin 𝔇) 𝔅𝔄ℭ𝔇
𝔉𝔍[149c]𝔐𝔒𝔒𝔖 *folgen*: Et (Si 𝔇) il lor (li ℭ𝔖) a 𝔅𝔄ℭ𝔇𝔉𝔍𝔐𝔒𝔒𝔖; fiancie 𝔅𝔄
ℭ𝔇𝔉𝔍𝔒𝔒𝔖 et jure 𝔐; et plevi 𝔅𝔄ℭ𝔇𝔉𝔍𝔐𝔒𝔒𝔖 Et bons ostages donez a lor (son
𝔅𝔒) plaisir 𝔅𝔄ℭ𝔇𝔉𝔍𝔐𝔒𝔒 Qu'il le (lor 𝔄(161c)ℭ𝔖) fera a la terre chair 𝔅𝔄ℭ𝔇
La haute tor et le palais marbrin 𝔄. — 7 He Fromons (biax 𝔐) sire li engignieres
dist 𝔅𝔄ℭ𝔇𝔉𝔍𝔐𝔒𝔒 *folgen*: Ne dotez (cuidies 𝔐) mie ge (que 𝔄) vos voille trair
Ne par engien mon (vostre 𝔅𝔄ℭ𝔉𝔍𝔇𝔒𝔒) avoir recoillir 𝔅𝔄ℭ𝔇𝔉𝔍𝔐𝔒𝔒. — 8 Mar
m'en donrez 𝔅𝔄ℭ𝔇𝔉𝔍𝔒 Mar manderes 𝔍; qui vaille 𝔒; .j. angevin 𝔅𝔄𝔇𝔉𝔐𝔒𝔒
deus angevins ℭ𝔍. — 9. Tant que 𝔅𝔄ℭ𝔐𝔒; qu'est so ce (sor le 𝔅𝔐) 𝔅𝔐𝔒 desouz
cel (cel *fehlt* ℭ) ℭ𝔇𝔉𝔍. — 10 *fehlt* 𝔄 Qui plus i paise 𝔐 (nach 12); que nus (que
n'est 𝔒) panz de chainsil 𝔅ℭ𝔇𝔉𝔍𝔒 que nous ne vous deist 𝔐 que ne soit flors

Verrés chà jus de la roche* caïr,   6711 a la terre
Ceaus de là sus en verrés fors issir;
Ogiers venra devant vos à merchi
Et tot li autre jovenchiel et mescin.«* 14 ja n'i porront garir
Kalles l'entent si en a fait un ris,
Entre ses bras a l'engigneor pris,   16
Il li baisa et la boche et le vis:
»Or en pensés, frans damoisiaus: 18 baus dous maistres gentis
      dist il,*
Tant vos donrai, nos remanrons
      ami.
Hé! Kalles sires, li engigneres dist,* 20 l'engigneour a dit
Avés-me-vos les carpentiers por-
      quis?
Tos ceaus de l'ost me faites chà   22 ost faites a moi v.
      venir.«*
Kalles les mande et Namles li floris
Tant qu'il en ont* trois cent et   24 il avoit
      quatre-vingt
Estre les autres marovers du païs,   25 fehlt
Dont il i ot ben près de quatre mil. 26 fehlt
Au·bois trancher i ot tel* capleïs, 27 tr. ot molt grant
De l'esdoler* et du** carpenteïs,   28 *A esdoler **au
Du recoper et del estranceïs   29 fehlt

de lis 𝔒. — 11 = 𝔇𝔉𝔐𝔒 a la terre 𝔅𝔄𝔊𝔇[111b] tot contreval 𝔍; jesir 𝔅𝔊𝔇.
— 12. De laiens 𝔅𝔄𝔊𝔇𝔉𝔍𝔐𝔒; en ferai 𝔅𝔄𝔊𝔍𝔐𝔒; 7—12 in 𝔖 ersetzt durch:
Qu'il fera chiaus desous la tour flatir Voiant vous iaus les vous ferai salir. —
13 Girbers 𝔅𝔄𝔊𝔇𝔉𝔍𝔐𝔒𝔖. — 14 fehlt 𝔈 Hernaus li prouz (bers 𝔐) et li vasëaus
Gerins 𝔅𝔄𝔇𝔉𝔍𝔐𝔒𝔖. — 15. Fromons 𝔅𝔄𝔊𝔇𝔉𝔍𝔐𝔒[120a]𝔖; l'oit 𝔐; s'en (si
𝔒) fist (fait 𝔒𝔐) orguilleus ris 𝔅𝔄𝔊𝔇𝔉𝔍𝔐𝔒. — 16 = 𝔇𝔉𝔖 L'angingneor 𝔐;
l'engigneour a pris 𝔅𝔄𝔍𝔒 l'engignieres prist 𝔊𝔇 a entre ses bras pris 𝔐. —
17 Se 𝔅𝔄𝔊𝔇; Les iauz li baise 𝔇𝔉𝔍𝔐𝔒𝔖; et la b. autresi 𝔐. — 18 = 𝔒 Que 𝔇𝔉
Car 𝔖; franc chevalier 𝔅𝔊𝔇𝔉𝔍 li miens amie 𝔄 fait il biaus dos 𝔐 biaus sire
biaus 𝔒 pour l'amour dieu 𝔖; fait il 𝔊𝔇𝔉𝔍𝔖 gentis 𝔅 amis 𝔐𝔒 folgt: Tos mes
tresors vous soit a bandon mis 𝔐. — 19 = 𝔅𝔊𝔇𝔉𝔒𝔒 vos remenrez o mi 𝔄𝔍
que seres mes amis 𝔐 Ke remanrons ami 𝔖. — 20 He Fromons . 𝔅𝔄𝔊𝔇𝔉𝔒 Sire
Fromont 𝔐𝔖; li engignier (l'engignierres 𝔒) a dit 𝔍𝔒. — 21 = 𝔅𝔄𝔊𝔇𝔉𝔍𝔐𝔒𝔒
des carpentiers 𝔖. — 22 Toz cest qui sont en cest (cel 𝔒 enz en 𝔄) vostre païs
des carpentiers 𝔖. folgt: J'en ai mestier 𝔅𝔊𝔇𝔉𝔍𝔒 Mestier en ai 𝔄𝔐; faites les
me venir 𝔅𝔄𝔊𝔇𝔉𝔍𝔐𝔒. — 23 Fromons 𝔅𝔄𝔊𝔇𝔉𝔍𝔐𝔒𝔖; et (fehlt 𝔒) pourchase
et pourquist (aquis 𝔊𝔇) 𝔅𝔊𝔇𝔉𝔍𝔒𝔖 et pourchaca et quist 𝔄 et assambla et
quist 𝔐. — 24 ot 𝔇𝔉𝔐(150b)𝔒𝔖; en avant de 𝔅𝔄𝔇𝔒 assez plus de 𝔈 desci
qu'a 𝔉 bien assamblé 𝔐 bien pres de 𝔒 ensamble bien 𝔍𝔖; .vij.xx. 𝔅𝔄𝔊𝔇𝔉𝔍𝔐𝔒
. .vij. m. 𝔖. — 25 = 𝔇𝔉(119c)𝔉𝔍𝔒𝔒𝔖; qui erent dou 𝔐. — 26 Dont . avoit
𝔖; plus de 𝔅𝔄𝔊𝔇𝔉𝔍𝔐𝔒𝔖 bien plus de 𝔒; .xiij.xx. 𝔅𝔄𝔊𝔐𝔒 .xij.m. 𝔇𝔉𝔍𝔖. —
27 oissiez 𝔅𝔄𝔊𝔉𝔒𝔖 orroiz tel 𝔇𝔉 orent tel 𝔐 i ot grant 𝔒; ferreis 𝔅 plesseis 𝔊𝔇.
28 = 𝔅𝔊𝔇𝔉𝔍𝔒 fehlt 𝔖; Et dou doler 𝔄𝔐𝔒 (in 𝔅𝔄𝔊𝔇𝔉𝔍𝔐𝔒𝔒 mit 29 umgestellt).
— 29 = 𝔒 fehlt 𝔖; De (Del 𝔅𝔄𝔊𝔈) detranchier 𝔅𝔄𝔊𝔐𝔒 Del tronconer 𝔇 Del
retrenchier 𝔉 Des detranchies 𝔍; et del (des 𝔍) esbrancheis 𝔅𝔄𝔊𝔍𝔒 et . desbran-

Et du* carkier et du caroieïs.**
Devant la porte du maistre rolleïs
Font les atrais* et mener et bastir.**
Li engigneres qi de loins fu apris,*
Devant la porte lor drecha un engin,
Sor une estace* l'a levé et basti,
A sept* estages fu li engins furnis,
Amont as brances qi descendent as puis,
Fu ben cloiés* et covers et porpris
Par les estages montent chevalier mil,
Arbalestrier cent et soixante et dix,
Traient archier et destendent ar- brins*
Vers* Castel - Fort tot ensanlle à un brin**;
Laiens n'ot home, tant soit* d'ar- mes garnis,
Qui de paor osast là fors venir*
Tant espès volent quarrel par grant aïr,
Tante saiete ki fers ont acerins
Et fu gregois k'il faisoient bruïr.

6730 *au **au grant carreis, folgt:
Au chastiel vienent qui molt biel fu assis — 32 *lor atrait **venir
33 ce porquist

35 XV estaces
36 X

38 bien covers et de cloies garnis

41 [92d] et demainent grant brin

42 *A **demainent grant hustin

43 fust

44 defors veir, folgt: Ni a cretel defors son chief meist

46 fehlt
47 fehlt

cheis 𝔇𝔉 et de debriseis 𝔐. — 30 = 𝔅𝔊𝔇𝔉𝔍𝔒𝔇 fehlt 𝔐𝔖; et del ameneiz 𝔄.
31 = 𝔇 fehlt 𝔐 de la maistre rais 𝔅𝔊(113b)𝔇𝔉(149d)𝔒𝔖 qui tant est segnouris
𝔄 pres del mestre paliz 𝔉. — 32 . lor. 𝔅𝔄𝔊𝔇𝔉𝔍𝔇𝔇𝔖 Lor atrait font 𝔐 (32 und 33
in 𝔐 zw. 39 und 40); amener (auner 𝔅𝔊𝔇 et mener 𝔐 amasser 𝔖) et venir 𝔅𝔄𝔊𝔇𝔉
𝔍𝔐𝔇𝔇𝔖. — 33 Cil se porpanse 𝔅𝔄𝔊𝔇𝔉𝔍𝔐𝔇𝔇𝔖; qui de deus fu assis 𝔐 ki l'ot
de loing apris 𝔖; folgen: En quel maniere (Par quel angien 𝔄𝔊𝔇) il les fera
maris (morir 𝔄) Et fors ieter (jeter fors 𝔄) do fort castel antif L'avoir covoite
que on li (Fromons 𝔄𝔊𝔇) ot promis Cele promesse onques bien ne li fist Car il
en fu decheus en la fin Un engien fait (fist 𝔄) de tel parler n'oï Qu'il (Quet 𝔊)
ot de (en 𝔇) haut .C. piez trestos furnis (toz enterins 𝔄𝔊𝔇) 𝔅𝔄𝔊𝔇. — 34 = 𝔇𝔉
𝔍𝔇 Pres de . . 𝔅𝔄𝔊𝔇 (in 𝔇 hinter 38) Si a leve 𝔖; fist venir cel engin 𝔅𝔊𝔇 fait
cel engin venir 𝔄 droit au pont tourneis 𝔐 j. mervillous engin 𝔖. — 35 fehlt
𝔅𝔄𝔊𝔇𝔇𝔖 Sor set estaches 𝔇𝔉𝔍𝔐; l'ont 𝔐. — 36 fehlt 𝔖 A .v. estages 𝔇𝔉𝔍
Molt fierement 𝔐; tot droit de fust frasnin (chainin 𝔄𝔊𝔇) 𝔅𝔄𝔊𝔇 . . . bastis 𝔍
. . . assis 𝔐 c'ot d'un fust palain 𝔇. — 37 barres 𝔐; . departent 𝔇𝔉𝔍𝔒𝔖 . par-
tirent 𝔐; es p. 𝔇𝔉𝔍; Arbalestriers i a mis jusk'a vint 𝔅𝔄𝔊𝔇. — 38 Bien fu (fu
fehlt 𝔇) cloes covers de (d'un 𝔇) cuir boli 𝔅𝔄𝔊𝔇 Fu bien (molt 𝔐) coverz de
cloies toz faitiz 𝔇𝔉𝔍𝔐𝔇𝔖. — 39 = 𝔇 Es avans poz 𝔇 Et es auvens 𝔉 As avant-
vens 𝔍 Et devant gardes 𝔐 En es . 𝔖; ot de chevaliers 𝔇𝔉𝔍𝔐𝔖; 39—47 in 𝔅𝔄
𝔊𝔇 ersetzt durch: Mais des archiers ne sai conte tenir. — 40 et archier ce m'est
vis 𝔐; .vi. 𝔇𝔉𝔍𝔒𝔖 folgt: A mis laiens plus de .XL. mil 𝔐. — 41 = 𝔉𝔒𝔍 par
mervillous 𝔖; abrin 𝔇𝔐 air 𝔖. — 42 Geronville 𝔇𝔉𝔍𝔐𝔇𝔖; coi 𝔇𝔉𝔐. —
43 . n'u 𝔇𝔉𝔍𝔐𝔖(96a); tant fort ne tant 𝔐 tant soit preus et 𝔖; vestiz 𝔇𝔉 hardi
𝔐𝔖. — 44 ost plus la fors (laval 𝔍) veir 𝔇𝔉𝔉 osast avant venir 𝔐 ist nes de-
fors veir 𝔇 osast l'eul descouvrir 𝔖. — 45 = 𝔇𝔉𝔒 par le pais 𝔍𝔐 amanevi 𝔖.

Et l'engigneres qi ot l'engin* basti, 6748 qui l'engien ot
Il vest l'auberc, lace l'elme bruni,
El maistre estage s'en va amont seïr. 50
Le feu gregois d'un viel ros Sarrasin
Ben estochié de sofre et d'argent vif
Lor fist* laiens à mangoniaus** galir, 53 *fait **un mangonnel
Contre les murs et ruer et ferir,
Et as maisons et as sales* venir. 55 cloies
Li feus leva* et li bors est espris, 56 grans fus lieve
Les sales ardent et tot li edefis;
N'iert mais estains par* aigue ne 58 *pour **pour
      par** vin,
Mais terre froide*, arrement et aisil, 59 *moiste
Qui en eüst à plenté*, l'estainsist; 60 Qui a planté en eust
C'est une cose dont il sunt* mal 61 dont furent
      garni.
La gent s'enfuient, lor avoirs ont* 62 s'ont l. a. g., *folgt*: Et lor
      guerpi,   maisons et lor grant edefis
Lor enfans portent q'il porent re-
      quellir;
Droit à* la tor comencent à fuir, 64 vers *folgt*: Lieve la noise si
Les cevals mainnent desous el   enforca li cris
      sosterain.*

— 46. 47 *fehlen* DFJMOS. — 48 = OS Li engignieres BACD Et l'angignor M;
qui (quant F) l'angin ot basti DFJ. — 49 = BACD *fehlt* DFJMS laca C;
folgt: Et caint l'espee J. fort (si a A) escu saisi BAC. — 50 = O Fu tot desore
DFJM Estoit amont S; s'en ala aseir BACD le maistre angin assis DKJM de-
seur l'engien assis S. — 51 = JMO d'un viel roi DF d'un tous viel S; Et monte
enhaut la vile sorveir BACD. — 52 = S *fehlt* M Bien (Tout O) antochie DFO;
argent fin J; Le maistre tor et le palais votis BACD. — 53 J. (au O) mangonel
BD As mangoniaus A Le feu grezois C Lor fait laiens DFJMO Laicns le sofre S;
lor fait laiens BCD fait le feu enz A au mangonel F trebucher et M as . O
par . S; sallir BFJO. — 54 *fehlt* S Al grant palais BACD Sel fait as . DFJMO;
et as sales BACDFJO et as creniaus M; sallir J flatir MO. — 55 *fehlt* BACD
FJMODS. — 56 Vente li vens B[52b]ACD .. se lieve DFJMOS; li palais (et li
feus A et l'aboite J) est espris DACD si est li reis espris M. — 57 *fehlt* BACMO
Les maisons DFJOS. — 58 = DFJO[120b]S; . mie A .. resceus M; ce m'est
vis B nes un dis CD par homme qui soit vis M. — 59 = D[119d]FJOS Mais li
sablons BCD Mais par sablon A as . ou assis M; et li vins et l'aisil (leisir O)
BCD et par bien aisil A. — 60 L'eust estuint BACD L'estainderoient DF L'estain-
droit on J L'estainderoit M[150c]OS; qui s'en fust entremis BCD qui garde
s'enfust prist A qui en eust iqui DF qui plante en evist JOS (M *undeutlich*). —
61 = DFJMOS bailli J Une grant (En une C) crote que fisent Sarracin BACD
(in C mit 65 *umgestellt*). — 62 = S *fehlt* BCD s'ont lor avoir DFJMO Ot el
chastel qui fu du tanz antif A *folgt*: Car il ne porent la grant dolor soffrir M.
— 63 = DFJS *fehlt* BACD Les M; .. prennent O; retenir M. — 64 = DFJOS
fehlt BACD a venir M. — 65 Li destrier sont BACD Les (Lor S) boens destriers
(chevaus OS) DFJ[150a]MOS; laiens el sosterin BACD mettent (mainent S) el

La tor fu fors de l'ovre as Sarrasins, 6766
Tos li mortiers en fu de sanc bouli;
Ele ne dote perrière ne engin. 68
Li bors fu ars et li fus fu estins,
N'i remest borde ne maison à bruir.
En la grant tor fu Ogiers li marcis* 71 gentis
Et Beneois qi tant par fu hardis*, 72 li vasaus beneis
Et tot si* home, les blans haubers 73 *lor **bien fu chascuns garnis
vestis.**
Li bers Beneois s'apoie* au mur 74 s'apuia
cauchin,
Contre son pis tint son elme à or 75 vis a mis son escu bis, *folgt*: Et
fin,* en son chief a son vert elme assis
Que nus quarreaux nel fière enmi 76 ne le ferist el
le* vis
Là fors esgarde, si a l'engin coisi; 77 *folgt*: Et les serjans de asaillir
Si en* apele le bon vassal Tierri, aatis — 78 [93a] la
Cheli de Blois, et son frere Amalri
Et le Danois et les autres aussi: 80
»Or esgardés, signor baron, dist-il;
Veïstes mais issi* trés bel engin? 82 nul si

(as 𝔍 et 𝔐 es 𝔒) souterins 𝔇𝔉𝔍𝔐𝔒𝔖. — 66 = 𝔒 *fehlt* 𝔅𝔊𝔒 dure 𝔖; d'uevre
𝔇𝔉𝔍 de l' uente 𝔐; de 𝔇𝔉𝔍 *fehlt* 𝔐; Et la vitaille et li painz et li vin 𝔄. —
— 67 Li mortiers fu 𝔐; fu faiz 𝔇𝔉𝔍𝔒𝔖 trestous 𝔐; a 𝔖. — 67—73 *fehlen* 𝔅𝔄
𝔊𝔒. — 68 = 𝔇𝔉𝔍𝔒𝔖 cagin 𝔐 *folgt*: Devant la porte la maistre rais 𝔐. —
69 = 𝔇𝔉𝔍𝔐𝔒 est estins 𝔖. — 70 *fehlt* 𝔇𝔉𝔍𝔐𝔖 N'i remaint 𝔒. — 71—73 *in* 𝔇
𝔉𝔍𝔐𝔒𝔖 *ersetzt durch*: L'aure est chaoite (Li vens chai 𝔐) si fait (si est 𝔐) al
soir (si retrait al 𝔖) serin *fehlt* 𝔒 Ancor nel sot (set 𝔍𝔐𝔒) ne Gerbers ne Gerin
Doz li veneres Hernaus li Poitevins En la forest chacent des hui matin La nuit
repairent s'ont .iiij. sanglers (.iiij. sainglers ont 𝔖) pris .iiij. (.iij. 𝔐𝔒) hors sau-
vages et .ij. (.iij. 𝔍 *fehlt* 𝔐) ferains petiz *fehlt* 𝔖 Gironde passent a (en 𝔒𝔖) .j.
batel (batelet 𝔖) garni (petit 𝔐𝔖 closis 𝔒) Dedanz lou baille entrent par (en 𝔖)
un postiz (En lor baille entrent par .j. petit postis 𝔐) Sor (Sus 𝔒) la grant tor
monterent par la viz (montent par .j. larris 𝔒 de marbre bis 𝔖) Par les fenestres
ont les chies ja fors mis (ont fors lor chies mis 𝔐 en ont lor chies.. 𝔒) *fehlt* 𝔖
Virent (Voient 𝔖) lou (el 𝔐) borc qui fu ars et afliz (restins 𝔍 estins 𝔍𝔐𝔒 mal-
mis 𝔖) Homes et fames (Voient (virent 𝔖) ces gens 𝔐) aler par les (ces 𝔐𝔖)
arsis (larriz 𝔉). — 74 Dos li veneres 𝔅𝔄𝔊𝔇𝔉𝔍𝔐𝔒𝔖; ... anti 𝔉𝔖 terrin 𝔊𝔒
s'apoia as murs bis 𝔐 *folgt*: En son dos ot son (.j. 𝔖) blanc (bon 𝔐) hauberc
vesti 𝔇𝔉𝔍𝔐𝔒𝔖. — 75 = 𝔇𝔖 son escu 𝔐; souzclin 𝔇𝔉𝔍 votis 𝔐. — 75—77
fehlen 𝔅𝔄𝔊𝔒. — 76 = 𝔇𝔉𝔍𝔐𝔒𝔖. — 77 = 𝔒 Defors 𝔖; regarde 𝔇𝔉𝔐𝔖 agaite
𝔍. — 78 Si 𝔅𝔄[162a]𝔊𝔒 Il 𝔐 S'en 𝔒 Lors 𝔖; apela 𝔅𝔄𝔊𝔒𝔒; Gerbert le fil
𝔅𝔄𝔊𝔒 le preu conte 𝔖; Garin 𝔅𝔄𝔊𝔒 Gerin 𝔇𝔉𝔍𝔐𝔒. — 79 Le preu Hernaut
𝔅𝔄𝔊𝔒 Gerbert lou prou 𝔇𝔉𝔍𝔐[150d]𝔒𝔖; et le vassal Gerin 𝔅𝔄𝔊𝔒 Hernaut lou
Poitevin 𝔇𝔉𝔍𝔐𝔒𝔖. — 80 *fehlt* 𝔅𝔄𝔊𝔇𝔉𝔍𝔐𝔒𝔒𝔖. — 81 fait il 𝔇[120a]𝔉𝔍𝔐 pour
dieu 𝔖; seignor 𝔇𝔉𝔍𝔖 sire 𝔐 fait il 𝔒; cosin 𝔇𝔉𝔍𝔐𝔒𝔖; Segnor dist (fet 𝔊𝔒)
il entendez ca a mi (mon latin 𝔄𝔒) 𝔅𝔄𝔊𝔒. — 82 A grant merveillo 𝔅𝔄𝔊𝔒𝔉𝔍𝔐
𝔒𝔒𝔖; a la 𝔅𝔄𝔊𝔒 voi la 𝔇𝔉𝔍𝔒𝔖 voi ge 𝔐; fors bel (grant 𝔒 .j. 𝔒) 𝔅𝔄𝔊𝔒𝔉𝔍

Del borc grignor nos a-il fait tel* fin ;   6783 tel *fehlt*
Se il dure auques, foi qe doi saint
        Martin,
Il nos fera traire trop male fin.«* 85 f. tous tr. a mal destin
Et dist Ogiers : »Vus dites voir, amis ;* 86 Il nos dist voir segnor Ogier a
Mais se Deu plaist, par tans sera dit
        jus mis.
Adobés-vos, signor baron, dist-il*; 88 Ales montes franc chevalier
S'alons requerre nos morteus anemis. gentil
Ains q'il soit vespres, en iert 90 ferai Karlon marir
       Kalles maris,*
Dedens son tref est au mengier assis.«
Li bors fu ars et li fus tot* caois, 92 fu
Et li jors fu mult tenebrous e noirs
De la fumée qi du castel issoit.
Les escargaites targierent trop le soir 95
Et Kalles vait au mengier asseoir.
Cil de la Tor corurent as conrois,

OQ la bel 𝔐 felon S. — 83 defors 𝔅𝔄 major ℭ𝔇𝔉𝔍𝔐𝔒𝔒S; vous 𝔅𝔐; ont ja 𝔄 a ja 𝔇𝔍; fuite 𝔅𝔄ℭ𝔇𝔉𝔍𝔒S fait ja 𝔐; *folgt*: S'avons perdu et pain (asez 𝔄 et le ℭ) et char (et pain 𝔄 pain ℭ) et (et le ℭ) vin 𝔅𝔄ℭ𝔇. — 84 Se longes (longiens 𝔄) dure 𝔅𝔄ℭ𝔇 Moult par fu (est S) prouz (sages 𝔐𝔒S) 𝔇𝔉𝔍𝔇𝔒S; nos somes escarni 𝔅𝔄ℭ𝔇 qui ainsi lou basti 𝔇𝔉𝔍𝔒S qui l'estora et fist 𝔐; *folgt*: Et une cose vos die (di je 𝔄ℭ𝔇) bien de fi 𝔅𝔄ℭ𝔇. — 85 Qui cel (tel ℭ) engien 𝔅𝔄ℭ𝔇 Qui a (en 𝔍𝔐S) un feu 𝔇𝔉𝔍𝔐𝔒; l'auroit (aroit 𝔅𝔄ℭ𝔇) ars et brui 𝔅𝔄ℭ 𝔇𝔉𝔍𝔐𝔒𝔒S; *folgt*: S'en eussiens (Et n'eussiens 𝔐) perdu et (ne 𝔐) pain et (ne 𝔐) vin 𝔇𝔉𝔍𝔐𝔒 Bien averiens esploitie ce m'est vis S; Plus somes fort que ne fuins (ne fussons 𝔉 ne fumes 𝔍(150b)𝔐 n'estions 𝔒) hui matin 𝔇𝔉𝔍𝔐𝔒; De nostre guerre aurions trait affin 𝔇𝔉𝔍𝔐 Por douteriens Fromont le poestif 𝔒 Donc (Mieux 𝔄) porrions le siege mieus soffrir (la guerre traire a fin 𝔄ℭ𝔇) 𝔅𝔄ℭ𝔇. — 86 Si m'aist dex Gerbert li respondi 𝔅𝔄ℭ[113c]𝔒 Vous dites voir 𝔇𝔉𝔍𝔐𝔒S; ce dist li cuens (dus 𝔐) 𝔇𝔉𝔍𝔐𝔒 che respondi ẽ; Gerin 𝔇𝔉𝔍𝔐𝔒S; *folgt*: A grant mervoille 𝔅𝔄ℭ𝔇𝔉𝔍𝔐𝔒𝔒(120c)S; vos devons chier tenir 𝔅 devons preu devenir 𝔄ℭ𝔇 voi en (en avons 𝔉 a en vos 𝔒S) vous boen devin 𝔇𝔉𝔍𝔒S en estes vous devis 𝔐. — 87 *fehlt* 𝔅𝔄ℭ𝔇 Car 𝔇𝔉𝔍𝔒S(96b) Et 𝔐; tot issi (ensi 𝔍𝔐𝔒S) ira (sera 𝔍𝔐𝔒S) il 𝔇𝔉𝔍𝔐𝔒S. — 88 *fehlt* 𝔇𝔉𝔍𝔐𝔒S Adoubons nous 𝔄; franc chevalier gentil 𝔅𝔄ℭ𝔇. — 89—91 *fehlen* 𝔇𝔉𝔍𝔐𝔒S, *in* 𝔅𝔄ℭ𝔇 *ersetzt durch*: S'irons la fors le fiel Fromont veir *fehlt* 𝔅ℭ𝔇 Et cil respondent tot a vostre plaisir Tot maintenant vont les hanbers vestir Lacent les elmes si ont les escus pris (caignent les branz [haubers 𝔒] forbiz 𝔄ℭ𝔇) Es chevaus montent corant et arabis (si ont les escuz pris 𝔄𝔒) *fehlt* ℭ En lor puins portent (Et si ont pris 𝔄 prennent 𝔒) les rois ℭ (forz 𝔒) espieus forbis *fehlt* ℭ De la vile issent belement par loisir.

  92 Ars fu li bors 𝔅𝔄ℭ𝔇; .. venz 𝔄; fu chaois 𝔅𝔄ℭ𝔇𝔉𝔍𝔐𝔒𝔒S. — 93 Lors fu li lius (ceus ℭ𝔇) 𝔅ℭ𝔇 .. airs (chinus 𝔇𝔉𝔍𝔒) 𝔄𝔇𝔉𝔍𝔒, 𝔐 *undeutlich* . fu li bours S; et tenebreus 𝔅𝔄ℭ𝔇𝔉𝔍𝔐𝔒𝔒; et frois 𝔐 *folgt*: Et li palais nerciz qui blans estroit 𝔇𝔉. — 94 *fehlt* 𝔅𝔄ℭ𝔐𝔒 Et mascherez dou feu qui (quant S) fu chaoiz 𝔇𝔉𝔍𝔒S. — 95 = 𝔒𝔍𝔐 *fehlt* 𝔅𝔄ℭ𝔇 . tout 𝔉 se targierent 𝔒 gaitierent tout S. — 96. Li quens Fromons 𝔅𝔄ℭ𝔇 Et Fromons 𝔇𝔉𝔍𝔐𝔒 Fromons s'en va S; va al mangier seoir 𝔅𝔄ℭ𝔇. — 97 = 𝔉𝔍𝔐𝔒 tornerent 𝔇; au conroi S. —

Vestent haubers, lacent elmes
    adrois*.
Caingnent espées od les brans vie-
    nois;
Sus* Broiefort est montés li Danois,
Caint a Cortain, espiel ot fort* et
    roit:
Ben fu armés, mult fu grans li
    bufois*,
Il s'en issirent tot* serré et destroit**.
Lances baissīes sus* les cevals
    norrois,
Par un postis ki'st* devers le befroi,
Au tref Kallon fu tenus li tornois:*
Trencent les cordes, ces* tentes
    font** caoir;
Sus* le mengier les troverent estrois.
Od les espées comence li caplois:
Mult malement foulerent no
    Francois:
Désarmé erent,* n'orent pas lor
    conrois.
Kalles s'enfuit et Namles li cortois;
Ogiers l'encauche, mais ne le
    pot avoir.
Mult volentiers l'ocesist li Danois.
Or vos dirai com le fist Beneois:

6798 griois

99 *folgt*: Es chevaus montent cha-
    scuns a grant esploit
6800 Sor
1 bon

2 ses pooirs

3 *s'atournerent bien **estroit
4 sor

5 droit, *folgt*: S'en sont issu hiele-
    ment sans desroi — 6 s'en vie-
    nent Karlemainne le roi, *folgen*:
    Beaufort escrient feres baron cor-
    tois Au tref le roi fu tenus li
    tornois — 7 *ces *fehlt* **f. jus c.
    — 8 Desor

11 furent

[93b]

14

797—802 𝔅𝔄ℭ𝔇 *ersetzt durch*: Des eschargaites n'i ot nule (nul 𝔄) (ce ℭ) soir (cele fois 𝔄) Cil les oublie (l'oublia 𝔄) qui metre les i doit (les devoit 𝔇). — 98 grezois 𝔇𝔉𝔍𝔐𝔒𝔖 adrois 𝔍. — 99 = 𝔇𝔉𝔒 Chaingnes . as bons brans 𝔐; et les brans 𝔍. — 799—802 *fehlen* 𝔖. — 800 Es destriers montent sors et baucenz et noirs 𝔇𝔉𝔍𝔐𝔒. — 1 A lor cox pandent les escuz demanois (vienois 𝔐) 𝔇𝔉𝔍 𝔐𝔒. — 2 Lances ont grosses 𝔇𝔉𝔍 Quant sont arme 𝔐 Prennent les lances 𝔒; espiez tranchanz et rois 𝔇𝔉𝔍 li chevalier adroit 𝔐 les espiex fors et drois 𝔒. — 3 *fehlt* 𝔅 Lors 𝔐; rangie et estroiz 𝔇𝔉𝔍𝔐𝔒𝔖; Cil de la vile s'en issent par (por 𝔒) savoir 𝔄ℭ𝔇. — 4 *fehlt* 𝔅𝔄ℭ𝔇𝔉𝔍𝔒𝔒𝔖. — 5 Par une porte 𝔅𝔄ℭ𝔇 l'ar .j. pertuis 𝔐; qui devers 𝔅𝔄ℭ par devers 𝔇𝔍𝔒 de devers 𝔉 par dales 𝔐 qui delez 𝔇 k'iert devers 𝔖; .j. 𝔐 l'eve (l'ost 𝔄) estoit 𝔅𝔄ℭ𝔇. — 6 Fromont 𝔅𝔄ℭ𝔇 𝔉𝔍𝔐𝔒𝔖; vont lancier demanois 𝔅𝔄ℭ𝔇 commencent le tornoi 𝔐𝔖. — 7 . . laz 𝔇𝔉𝔍 Copent . las 𝔐 Et trencent cordes 𝔖; les 𝔒 font la tante (les tantes 𝔐) chaoir 𝔇𝔉𝔍𝔐 et font tantes kaioir 𝔖. — 7—14 *in* 𝔅𝔄ℭ𝔇 *ersetzt durch*: Mort en i ont 𝔅 Molt en i ot 𝔄ℭ𝔇; de sanglans et de frois (celle fois 𝔄). — 8 Sor 𝔇𝔉𝔍 𝔐𝔒𝔖; lor 𝔍; destrois 𝔖. — 9 = 𝔇𝔖 *fehlt* 𝔍; As brans d'acier 𝔐; commenca 𝔇𝔉 commencent 𝔐; les 𝔐. — 10 Si (Molt 𝔖) en i laissent 𝔇𝔉𝔍𝔐𝔖 S'en i lais-sierent 𝔒; des (de 𝔇𝔖) sanglans et des (de 𝔇𝔖) frois 𝔇𝔉𝔍𝔐𝔒𝔖. — 11 *fehlt* 𝔇𝔉 𝔍𝔐𝔒𝔖. — 12 Fromons . . li traitres sanz foi (renois 𝔐𝔒𝔖) 𝔇[120b]𝔉𝔍𝔐𝔒𝔖. — 13 Hernaus 𝔇𝔉𝔍𝔐[151a]𝔒𝔖; . nen (nel 𝔖) pot mie . 𝔇𝔉𝔍𝔐𝔖. — 14 *fehlt* 𝔇 𝔉𝔍𝔐𝔒𝔖. — 15 Gerins fist molt 𝔅𝔄ℭ𝔇 La fist Gerins 𝔇𝔉𝔍𝔐𝔒𝔖; que sages et

Dedens le borc a pris le feu* grigois,
A cent vassals vint à l'engin tot droit :*
Le feu bota de trois pars el befroi.
Ainc ne s'en valt partir ne removoir
Dusqu'il le vit trebucer et ardoir*,
Cil de lasus* furent de mort destroit ;**
Encontre terre* les convint à** caoir:
Qui vint à terre, plus mal ne pot avoir:
Li cols li brise ou quelx menbres que soit*.
Li engigneres coiement descendoit
Par une corde qe d'Aumarie estoit ;*
Si* fu noée à un hort du befroi,
A une bare* qi defors estendoit:**
Aval s'avale dessi* à terre droit**;
Et Beneois derier* soi regardoit,
Vit avaler le traïtor sans foi*
Par la fumée qui del arsin issoit,
Bien le conut à ses rices conrois ;*

6816 repris li feus *folgt*: Li bers Benois fu dolans et irois — 17 s'en reva demanois
20 cheoir
21 *d'amont **m. a grant estroit
22 *val **jus
24 en deus lieus ou en trois
26 de soie toute estoit
27 La
28 *estache **d'encoste seoit
29 *jusques **estoit
30 ariere
31 S'en voit aler celui qui s'en fuioit
33 as conrois qu'il avoit

cortois 𝔅 que preus et que cortois 𝔄𝔊𝔇𝔒 com hom de grant savoir 𝔇𝔉𝔍𝔖 que chevaliers adroit 𝔐. — 16 Dedens l'engien 𝔅𝔄[162b]𝔊𝔇 Qui (Car 𝔐) anz el borc 𝔇𝔉𝔍𝔐𝔒 Car en lour borc 𝔖; a mis 𝔅𝔄𝔊𝔇 reprist 𝔇𝔉𝔍𝔐𝔒 lor prist 𝔖. — 17 *fehlt* 𝔅𝔄𝔊𝔇; Si l'aporta 𝔇𝔉𝔍 Si l'anporta 𝔐 Si le porta 𝔒 Et puis le mist 𝔖; en (a 𝔍𝔐) l'angin demanois 𝔇𝔉𝔍𝔐𝔖 en l'engien pour ardoir 𝔒. — 18 *fehlt* 𝔅𝔄𝔊𝔇 De .iij. (toutes 𝔖) pars le mist anz (il 𝔖; laboure 𝔐) el berfroi 𝔇𝔉𝔍𝔐 𝔒𝔖. — 19 = 𝔒 Il 𝔅𝔄𝔊𝔇[111d] Onc 𝔇𝔉; ne partir 𝔇𝔉𝔐 departir 𝔍𝔖; ne movoir 𝔇𝔉𝔍𝔐𝔖. — 20 Tant qu'il 𝔅𝔄𝔊𝔇𝔉𝔍𝔐𝔒𝔖 Tresqu'il 𝔒; dechaoir 𝔇𝔉𝔍 tout .j. mont 𝔐; cheoir 𝔐. — 21 = 𝔇𝔉𝔍 (*in* 𝔇𝔉𝔍𝔐 *zwischen* 22 *und* 23) Cil de l'estage 𝔅𝔊𝔇 Cil des estages 𝔄 Cil de l'angien 𝔐 Chil de l'amont 𝔖; se laissierent 𝔅 ni pueent 𝔄 se laissent jus 𝔊𝔇; remanoir 𝔄. — 22 *fehlt* 𝔅𝔄𝔊𝔇 Encontre val 𝔒𝔖; pecheier et 𝔇𝔉𝔍[150c] tout bruir et 𝔐 ..il 𝔖; ardoir 𝔐. — 23 = 𝔒 Qui chiet 𝔅𝔊𝔇; il ne pot 𝔅𝔊𝔇 nel estut 𝔇𝔉𝔍 pis ne pot 𝔐 nel couvint 𝔖; pis avoir 𝔅𝔊𝔇𝔉𝔍𝔒𝔖 il avoir 𝔐; De haut a mont se laissierent chaoir 𝔄. — 24 = 𝔒𝔖 *fehlt* 𝔄 Lou col se . 𝔇𝔉𝔍 Li cos li rent 𝔐; en .ij. lius ou en trois 𝔅𝔊𝔇 ou quel membre que : 𝔇𝔉 ou quelque menbre . 𝔍. — 25 Mais l'engignieres 𝔇𝔉𝔍𝔐; sagement 𝔅𝔄𝔊𝔇 en descent 𝔇𝔉𝔐 descendi 𝔍𝔖 s'en descent 𝔒; par savoir 𝔇𝔉𝔍 𝔐𝔒𝔖. — 26 = 𝔇𝔉𝔍𝔒𝔖 qui du tilles estoit 𝔅 qui fu faite de toil 𝔄𝔊𝔇; Par une clef que illueques estoit 𝔐. — 27 = 𝔍𝔒 *fehlt* 𝔐 Qui 𝔖; au bort dou berefroi 𝔇𝔉 a .j. cor 𝔖. — 27—34 *in* 𝔅𝔄𝔊𝔇 *ersetzt durch*: Li dus Gerbers premerains l'apercoit Ha glos dist il ja parleres a moi. — 28 *fehlt* 𝔐 quarre 𝔇𝔉𝔍𝔒 corde 𝔖; s'estendoit 𝔖. — 29 = 𝔒 desi qu'a 𝔇𝔉𝔍 desci en 𝔖; car aler s'en cuidoit 𝔐 *folgt* 𝔇𝔉𝔍: Quant fu au piez qu'il aler s'en cuidoit. — 30 Li cuens Gerins 𝔇𝔉𝔍 𝔐𝔒𝔖; esgarda 𝔇𝔉 regarda 𝔍𝔒 regarde 𝔐 esgarde 𝔖; derriere soi 𝔇𝔉𝔍𝔐𝔒 si le voit 𝔖. — 31 *fehlt* 𝔖 S'en (Si 𝔒) vit aler lou traitor sanz foi 𝔇𝔉𝔍𝔐𝔒. — 32 = 𝔍 *fehlt* 𝔖 ..fumiere 𝔇𝔉; ..lasus 𝔐 ..la fu 𝔒 (!); estoit 𝔇. — 33 = 𝔇𝔉𝔍𝔐

Il li escrie: «Traïtres*, n'en irois! 6834 fel cuvers
Mar acointastes Kallon ne* son avoir. 35 et
Desheriter nos voliés à bellois,
Vus en arés soldées d'achier froit.«
Trait a l'espée od le brant vienois*, 38 li gentis Beneois
Si l'en dona ne sai deux cops ou
 trois;
N'en velt partir s'en puist* le cuer 40 pot
 veoir.
Quant cil de l'ost virent* l'engin 41 *voient **caoir
 ardoir**,
Encontreval trebucer et caoir*, 42 ardoir
Ce lor est vis k'en* terre muciés soit. 43 en
Parmi les trés en liève li esfrois,
Sonnent busines et grans cors 45
 demanois.
Contreval l'ost s'armerent li 46
 François,
Hastivement corurent as conrois,
Vestent haubers, lacent elmes 48 turcois
 grigois*,
Çaignent espées od les brans vienois.
Es destriers montent sors et bauçans 50
 et noirs;
Les escus prisent*, les espiés fors 51 prendent
 et rois:
Cil qi ains porent, si vinrent as 52 [93c] pot s'en ist a grant esploit
 destrois*.

D[120d] gentils S. — 34 = DFJMOS. — 35 Fromont BACDFJMODS; et AC
DFJMOS. — 36 me DFJM vous S; volez DFO vosis J me volies S; et des
loi J sanz loi S. — 36—76 in BACD ersetzt durch: Vostre loier en deves reche-
voir (en arez orendroit A) fehlt D Engien fermastes (fesistes A) por ma gent de-
cevoir Lors (Dont A) le feri ne sai .ij. cols u .iij. Ne le laissa s'en pot le cuer
veoir. — 37 Je vos donrai DFJMS. — 38 fehlt S dou fuerre demanois DFJM;
o l'acier. D. — 39 = M Si l'en feri DFO Si l'a feri J Del branc le fiert S. —
40 = D Ne s'en torna DFJMS; si le pot mort. M folgt: L'arme emporterent
diauble demanois M. — 41 = JO fehlt S defors M; chaoir DF. — 42 Et contre
terre D[120c]F Encontre terre JMO Chil de la tour S; peceier DFM persoier J;
et ardoir DF; virent l'engien kaioir S folgt: Devant lou feu se laissent jus
chaoir DFJM. — 43 = D fehlt MS que terre muete. DFJ. — 44 = DFJOS
fehlt M. — 45 = D fehlt M. le (il S) cor buisines et claroiz DFJS. — 46 As
armes keurent par l'ost (errant S) li Bourdelois DFJMOS. — 47 fehlt DFJMOS.
— 48 = DFJM[151b]D fehlt S. — 49 := DFJ fehlt S et brans sarrasinois M
o les acerins frois D. — 50 = DFJ[150d]D fehlt S Prennent escus et lances as
fers rois M. — 51 fehlt S Prannent les lances DFJ A lor cos pendent M Les
lances prennent D; et les escuz adroiz DFJO les escus demanois M. — 52 Qui
ainz qui mielz DFJ Que ainz nues mues M Tout ki avis S; s'en vienent a des-

Ès-vos pognant le fil au duc Gaufroi, 6853
Ogier le preu, qui pas ne se recroit;
Sor son escu va ferir Hermenfroi,
Cosins germains au duc* Rainbaut 56 preu
        estoit:
L'escu li perce, et de l'auberc les
        plois;
Parmi le cors li passa* l'achier froit; 58 a mis
Tant com tint l'aste*, l'abat mort 59 anste
        devant soi.
A l'autre poindre* abati Godefroi, 60 enpainte, *folgt*: Plus de .xiij. en
A ices colx lor sordent* li François;   abat el chaumoi — 61 A cele em-
As gens Ogier comencha* li tornois.   painte i vinrent — 62 commenche.
Es vos Kallon et Namon le cortois*, 63 poignant a grant desrois, *folgt*:
A deus milliers* q'il ont en lor   O lui duc Naimes sor le destrier
        conrois.   norrois — 64 trois m. homes
Dex! com i fiert li vassaus Beneois!
Qui là veïst Ogier le bon Danois
Ferir à* caple el grant estor espois: 67 et
Sanc et cervele fait voler sus* l'erboi; 68 en
Mais tant i vint Normans et Hure-
        pois,
Parmi la porte les remisent* estrois. 70 revinrent
Illueques fu abatus Beneois,
Delés les bares encoste le marois;
Li bers salt sus, trait le brant 73
        vienois:
Ben se desfent Castel-Fort escrioit;
Mais* Franc l'assalent dont plenté 75 Et
        i avoit.
Illuec le prisent, sel* liérent estroit. 76 et

roi 𝔇𝔉𝔍𝔒 s'an tournent a desroi 𝔐 s'en.au. 𝔖. — 53 le Loherainc cortois 𝔇𝔉
𝔍𝔐𝔖. — 54 Gerbert le duc 𝔇𝔉𝔍𝔐𝔒𝔖; qui mie ne 𝔇𝔉𝔍𝔐𝔖. — 55 = 𝔇𝔉𝔍
En 𝔐𝔖 Sus 𝔒; ala. Mainfroi 𝔐 *folgt*: .j. chevalier de merveilleus endroit 𝔇𝔉𝔍
𝔐𝔖. — 56 au (le 𝔐𝔖) viel Fromont 𝔇𝔉𝔍𝔐𝔒𝔖. — 57 = 𝔐 fause 𝔇𝔉𝔍𝔖 ...
trois. 𝔒 de l'auberc fent.. 𝔖. — 58 *fehlt* 𝔇𝔉𝔍𝔐 li passe (li a mis 𝔖) le fer
froit 𝔒𝔖. — 59 = 𝔇𝔒𝔖 jos de soi 𝔉 a terre coi 𝔍 mort tout froi 𝔐. — 60 =
𝔍𝔐𝔒 pointe 𝔇𝔉; getu mort. 𝔖. — 61 A ces paroles 𝔇𝔉𝔍𝔐𝔒 A ycest poindre 𝔖;
dessordent 𝔉 lor saillent 𝔐 lor sorsent 𝔒 y vinrent 𝔖; Bourdelois 𝔇𝔉𝔍𝔐𝔒𝔖. —
62—76 *in* 𝔇𝔉𝔍𝔐𝔒𝔖 *ersetzt durch*: Plus de .vij. mil sor les chevax norois (*nur
in* 𝔐) Parmi lou pont (les pons 𝔍) les moinent si estroiz (destroit 𝔐; les metent
demanois 𝔖) Quant vienent (vinrent 𝔍𝔖 furent 𝔐𝔒) outre si fu chauz (ot chaut
𝔐𝔖) li plus frois Chascuns d'iaus cuide que terre morte soit (*nur in* 𝔐) Hernaut
navrerent et Gerin lou courtois Gerbert ont mort (et le destrier 𝔐 G. ocisent 𝔒)
lou (son 𝔒𝔖) cheval desouz soi (Girbert ocit sous soi 𝔐) Doz li veneres fu pris
a cel destroit (a cel tornoi a cele foys 𝔖) *fehlt* 𝔒.

Es folgen die Verse Og. 6876—7083, für welche Loh. nichts Entsprechendes bietet; erst Og. 7084 ff. stimmen mit Loh. wieder überein und folgen in den jüngeren Redaktionen unmittelbar auf die voraufgehenden Passagen, während zwischen diesen und den unserer Stelle entsprechenden Versen in 𝔅𝔄𝔊𝔇 eine *u*-Tirade liegt; doch ist 𝔅𝔄𝔊𝔇 nunmehr so abweichend, dass Varianten nicht mitzuteilen sind; die wörtliche Übereinstimmung zwischen 𝔅𝔄𝔊𝔇 und den jüngeren Redaktionen beginnt erst wieder, nachdem die Übereinstimmung dieser mit Og. aufgehört hat, denn erst 𝔅 51c21 = 𝔍 152d24 𝔔 122c8, während schon mit 𝔍 151d2 𝔔 121c20, 𝔖 97a19 (= Og. 7208) die wörtliche Übereinstimmung mit Og. zu Ende ist.

Grans fu la noise et esforciés li cris;	7084 [94d36]
Poignent François, si* ont les escus pris:	85 qui
As gens Ogier assanllent par aïr,	
Se li ont fait le grant estor guerpir*:	87 la place deguerpir
Ce est mençoigne, noient dist* qui ce dist	88 ce est riens
Que vingt* ou trente** en puissent mil soffrir;	89 [95a] *dis **douse
Ferant les mainnent à force et à estris*,	90 f. desconfis
Et les reüsent* contreval les** larris;	91 *reculent **un
Monjoie escrient sus* le pont torneïs:	92 sor
Guion laissierent parmi* le capleïs.	93 dedens
Beneois apele le Danois au fier vis:	
»Biaus sire Ogier, Beneois* li a dit,	95 li vasaus
Veïstes-vos mon frere Guielin?«	
Et dist li dux*: »Je n'en voi mie ichi**	97 *Ogier **chi

84 = 𝔔 enforciés 𝔇𝔉𝔍𝔐𝔖. — 85 Li Bordelois 𝔇𝔉𝔍𝔔𝔖 Bordelois sont. 𝔐; vindrent (venu 𝔐) par les arsis (larris 𝔉) 𝔇𝔉𝔍𝔐𝔔𝔖. — 86 As Loherans 𝔇𝔉𝔍 𝔐𝔔𝔖. — 87 Si lor 𝔇𝔉𝔍𝔐𝔔𝔖: la . place . 𝔇𝔉𝔍𝔔𝔖 la . presse partir 𝔐. — 88 = 𝔔 . dit . . dit 𝔇𝔉 noiens est que je di 𝔍 noians est . le . 𝔐 car nient est . . . 𝔖 *folgt*: Ne a nul jor ne le vi avenir 𝔐. — 89 = 𝔇𝔉𝔍𝔐𝔔𝔖. — 90 Ferant. vont 𝔖; plus c'uns ars ne traissist 𝔇𝔉𝔍𝔐𝔔 contreval les arsins 𝔖. -- 91 *fehlt* 𝔖 Si les remuent 𝔇𝔍𝔐 Les remenerent 𝔉 . . refusent 𝔔[121a]; arsiz 𝔇𝔉𝔍𝔐𝔔. — 92 Bordele . 𝔇𝔉𝔍𝔔𝔖 Bordele escrie 𝔐[151c]; sor 𝔇𝔉𝔍𝔐𝔔𝔖; les ont mis 𝔇𝔉𝔍𝔔 se sont mis 𝔖. — 93 *fehlt* 𝔇𝔉𝔍𝔐𝔔𝔖. — 94 Gerins 𝔇𝔉𝔍𝔐𝔔𝔖; Girbert lou fil Garin 𝔇𝔉𝔍𝔐𝔔 Gerbert le Garin fil 𝔖. — 95 Sire Gerbers 𝔇𝔉𝔍𝔐𝔔𝔖; ce dit (dist 𝔍𝔐𝔔) li cuens (dus 𝔐) Gerins 𝔇𝔉𝔍𝔐𝔔 entendes cha a mi 𝔖. — 96 Hernaut vostre cosin 𝔇𝔉𝔍𝔐𝔔𝔖 *folgt*: Lou mien chier frere 𝔇𝔉𝔍𝔐𝔔𝔖; ke mie ne voi 𝔖; ci 𝔇𝔉𝔍𝔐𝔔. — 97 Voir 𝔇𝔉𝔍[151a]𝔐𝔔 Naie 𝔖; Gerbers 𝔐; ne ge (naie 𝔉𝔔) nel

Perdu l'avons, se Dex n'en a merchi. 7098
— Diex!* dist Benois, beaus peres, 99 *Et **saint sepulcre merchi
    où est-il?**
Se pert mon frere, sous ciel n'ai 7100 ja nai ge nul
    tel* ami.
Dex! dist Beneois, saint sepulcre, 1 *fehlt*
    merci.«
Tira sa resne, s'a le destrier* guenci; 2 son cheval
Derière lui, ensi com il s'en* vint, 3 en
A une bare à l'issir des arsins,
Trova son frere le cortois Guielin.
Enclos l'avoient si mortel anemi, 6
De totes pars le venoient ferir
Et as* costés et as** bras et au*** pis; 8 *es **es ***es
Plus li briserent sus* li de fust 9 sor
    fraisnis
Que en carete ne traisist* uns roncis. 10 menast
Qui là veïst le cortois Guielin
Son cors desfendre contre ses anemis, 12
De gentil home li peüst sovenir.
Li cors ot grant, et sus* le ceval sist; 14 sor
Estendus fu sus* les estriés massis,** 15 *sor **d'or fin
Sor tos les autres repairoit* li 16 repairont
    mescins:
A deus poins tint le bon brant acerin,
Au* bras senestre come ses rengnes** 18 *Son **contre seresne
    tint,
Son escu ot derier son dos guenchi;

vi 𝔖) des hui maint 𝔇𝔉𝔍𝔐𝔒𝔖. — 98 Que (Quant 𝔍) li estorz commanca es (as 𝔒) avoiz 𝔇𝔉𝔍𝔐𝔒𝔖. — 99 *fehlt* 𝔇𝔉𝔍𝔐𝔒𝔖. — 100 . pers 𝔐; dont n'ai ge nul. 𝔇𝔉𝔍𝔐 n'ai sous ciel tel . 𝔒 mais n'arai tel . 𝔖 (*mit* 101 *in* 𝔇𝔉𝔍𝔐𝔒𝔖 *umgestellt*). — 101 li dus 𝔇𝔉𝔍𝔒𝔖 Gerbers 𝔐; miserere merci (mei 𝔐𝔒) 𝔇𝔉𝔍𝔐𝔒 aijes de moi merchi 𝔖. — 2 = 𝔒 Tire . 𝔇𝔉𝔍𝔖 Torne le 𝔐;. son . 𝔍; dou destrier arrabi 𝔐 le cheval a . 𝔖. — 3 = 𝔒 Darriers . garde 𝔇𝔍 Devant soi garde 𝔉 Parmi les landes 𝔐; issi . 𝔇𝔉 si comme 𝔐; il i vint 𝔐 il en vint 𝔖; *folgt*: Toz les encloz parmi l'anchauceiz (le (les) 𝔐 chasseis 𝔉𝔐𝔒𝔖) 𝔇𝔉𝔍𝔐𝔒𝔖. — 4 = 𝔇𝔉𝔐𝔒 des arsis 𝔍 si com ist 𝔖; a l'issir 𝔍. — 5 Choisi Hernaut 𝔇𝔉𝔐 Choisi . . 𝔍𝔒 A encontre 𝔖; son frere (Hernaut 𝔍𝔒) au cuer hardi (son ami 𝔖) 𝔇𝔉𝔍𝔒𝔖 le conte palasin 𝔐. — 6 = 𝔇𝔉𝔍𝔐𝔒𝔖. — 7 = 𝔇𝔉𝔍𝔐𝔒. — 8 et au dos 𝔇𝔉𝔍𝔒𝔖 et au cors 𝔐. — 9 perserent 𝔍; au cors 𝔇𝔉𝔍 desor 𝔐 au dos 𝔒𝔖; de .vij. espielz 𝔉 desor lui de chaisnins 𝔐. — 10 Que n'en traioient 𝔇𝔉 Que n'en traroient 𝔍𝔐𝔖; en (a 𝔐) .j. char dui roncin 𝔇𝔉𝔍𝔖 ne trairoit 𝔒. — 11 Qui dont 𝔖; Hernaut lou Poitevin (palasin 𝔐) 𝔇𝔉𝔍𝔐𝔒𝔖. — 12 = 𝔒𝔖 *fehlt* 𝔍 entre 𝔇𝔉𝔐. — 13 = 𝔇 𝔉𝔍𝔐𝔒𝔖. — 14 = 𝔒 . sor grant (boin 𝔖) cheval (destrier 𝔐) 𝔇𝔉𝔍𝔐𝔖. — 15 = 𝔒 sor 𝔇𝔉𝔍𝔐𝔖; le destrier 𝔉𝔐. — 16 = 𝔇𝔉𝔍𝔒𝔖 marchis 𝔐. — 17 lou brant d'acier forbi 𝔇𝔉𝔍𝔐𝔒. — 18 Son 𝔇𝔉𝔍𝔐𝔒𝔖; entre 𝔇𝔉𝔐 a en 𝔉 parmi 𝔖; son regne 𝔖; mis 𝔇𝔉𝔍. — 19 = 𝔒 Et son escu 𝔖[96d]; devers 𝔇[121a]𝔉𝔍 parmi 𝔖;

Trestot son cors lor ot à bandon mis.
Itex trois* cops feri Guion ichi**,
N'i a celui n'ait chevalier conquis*
Ou q'il ne face ou pasmer ou cayr*,
As* arçons pendre ou** à terre
        gesir.***
Beneois le voit, à poi n'esrage vis;
Ogier apele: »Or esgardés, amis*;
Vescha* mon frere en dolerous peril:
Socor-le, sire; jà n'as-tu tel ami.«
Ogiers laist corre*, s'a le destrier
        guenchi,
A lui s'acoste* li bons vassaus Davis,
Jaides et Ponches et lor peres Tierris,
Et tot ses homes ce q'il* en ot ichi**.
Nos ne savons qi tel consel i mist;
Gent* ne veïstes plus belement
        venir.**
Les fers des lances* font ensanlle
        tenir
Tant que il furent* en aise du ferir;
El greignor reng* vont François**
        envaïr;
Les lances brisent et volent par esclis
Metent les mains as brans d'acier
        forbis,
Serré lor corent devant enmi le vis.*
Là veïssiés un ruiste capleïs*:

7120
21 *Teux XIII **f. la Guielins
22 jus mis
23 morir
24 *Les **perdre et ***venir

26 si l'a a raison mis
27 Ves la

29 l'entent

30 [95b] s'areste

32 *lor omme quanqu'il **ont enquis
33 Cascuns i vint a forche et a estrit
34 *Ainc **gens issi tres bien ferir
35 de lance

36 si sont
37 *tas **v. nos Fr.

39

40 enmi le capleis
41 riche capingneis

torne devant son pis 𝔐. — 20 = 𝔇𝔉𝔍𝔒 lor ot 𝔐 a bandon lor a mis 𝔖. —
21 Tex .xxx. cox 𝔇𝔉𝔍𝔐𝔒𝔖; . Hernaut . 𝔇𝔉𝔍𝔐𝔒𝔖. — 22 = 𝔇𝔉𝔍𝔐[151d]𝔒𝔖.
— 23 Et que no . 𝔐 Ou (Et 𝔖) qu'il nel·. 𝔒𝔖; ou navre[r] 𝔒; ou morir 𝔇𝔉𝔍.
24 *fehlt* 𝔖 A l'arcon . 𝔇𝔉𝔍 Aval l'arson 𝔐; venir 𝔇𝔉𝔍𝔐𝔒. — 25 Gerins 𝔇𝔉𝔍
𝔐𝔒 Gerbers 𝔖; dou sans cuida issir 𝔐 si le moustra Gerin 𝔖. — 26 *fehlt* 𝔖
Gerbert 𝔇𝔉𝔍𝔐𝔒; . . cosins 𝔇𝔉𝔍𝔒 maintenant li a dit 𝔐. — 27 = 𝔇𝔉𝔍 Ves la
𝔐𝔖; Hernaut 𝔖; . . hustin 𝔒 le chevalier gentil 𝔖. — 28 = 𝔇𝔉𝔍[151b]𝔒 Se-
cores le sire 𝔐(!) Secourons le 𝔖; car n'avons 𝔖. — 29 Gerbers l'autant (l'oit 𝔐)
𝔇𝔉𝔍𝔐𝔒 Isnellement 𝔖; sont li cheval 𝔖. — 30 = 𝔇𝔉𝔍𝔒 Les iaus 𝔖; hardis 𝔐.
— 31 = 𝔇𝔉𝔍𝔐𝔒[121b]𝔖; *folgen*: Et cil d'Orliens li boens cuens (dus 𝔐𝔒)
Hernais 𝔇𝔉𝔍𝔐𝔒 Hernaus d'Orliens ki tant estoit gentils 𝔖; Doz li veneres li
peres Mavoisin 𝔇𝔉𝔍𝔐𝔖. - 32 Et Loheranc 𝔇𝔉𝔍𝔐𝔒𝔖; en qui 𝔐𝔖. — 33 *fehlt*
𝔖 cest consoil 𝔇𝔉𝔍𝔐𝔒. — 34 = 𝔐 Genz 𝔉𝔒; veismes 𝔇𝔍: si . 𝔇𝔉𝔍 onques si
bel 𝔒 tant durement 𝔖. — 35 = 𝔇𝔉𝔍𝔐𝔒 venir 𝔖 (*in* 𝔐 *mit* 36 *vertauscht*). —
36 il vindrent 𝔇𝔉𝔍𝔖 il vienent 𝔐 i furent 𝔒; *folgen*: Chastel escrient atenderont
nos il (nous atenderont il 𝔖) 𝔇𝔉𝔍𝔐𝔖 Par mautalent les alerent ferir 𝔐. —
37 *fehlt* 𝔐 les alerent ferir 𝔇𝔉𝔍 les corent envair 𝔒 les sont ales ferir 𝔖. —
38 Les hantes 𝔐 Leus lances 𝔖; s'en volent li esclis 𝔇𝔉𝔍𝔐𝔒𝔖. — 39 = 𝔇𝔉𝔍
𝔒𝔖 as bons brans acherins 𝔐. — 40 *fehlt* 𝔐𝔖 Sore 𝔇𝔉𝔍𝔒. — 41 si ruiste 𝔇𝔉𝔍

François reüsent* contreval le** 7142 *reculent **un
    larris;
Outre Guion les ont arière mis.
Ès-vos Kallon venu au pogneïs 44
Et le duc Namle et l'Ardenois Tieri
Fouques de Tol* et de Grant-Pré 46 Toulouse
    Henri,
Hoël de Nantes il et Rainbaus li Fris,
Pieres d'Artois, li Flamens Bau- 48 Andrien dou Pais au corage hardi
    duins*,
Et bien trois mil apoignant* aatis; 49 du ferir
Ogiers les voit, si saisist* Guielin, 50 s'a feru
Puis li a dit: »Venés-vos ent*, amis; 51 venes ent beaus
Veschi* la gent le roi de* St.-Denis, 52 Vees les gens Karlon
Trestuit en coevrent les pui* et les 53 li pre
    larris;
Mult ont grant force, nos en avons 54 *fehlt*
    petit:
Poi somes à tant gent con vient ichi*, 55 Trop somes poi a tant de gent
S'à* nos asanllent, griés ert li de- soufrir — 56 S'il
    partirs.
— Dex! ce dist Guis*, Ogier, q'avés- 57 Et dist li enfes
    vos dit?
Jà vos tient-on si* fort et si** hardi, 58 *tant **tant
Sor tot le mont estes li plus eslis,
Et tos li meudres qi sor ceval seïst. 60
Oserés-vos devant Kallon fuïr,
Qui tant vos a fait grans travalx 62 *fehlt*
    soffrir?
Se Franc le voient, et ke diroient-il?

.j. riche 𝔐𝔒 tant ruiste 𝔖; poingneis 𝔐 cop ferir 𝔖. — 42 Bordelois branlent (sont 𝔐 vont 𝔖) 𝔇𝔉𝔍𝔒𝔖; contremont (contreval 𝔖) les arsiz 𝔇𝔉𝔍𝔖 durement resortir 𝔐; *folgt*: Et Loberanc 𝔇𝔉𝔍𝔒𝔖 Loherain font 𝔐; lor font l'estor guerpir 𝔇𝔉𝔍𝔒𝔖 a eaus place guerpir 𝔐. — 43 Outre Hernaut chaucent 𝔇𝔉𝔍𝔒𝔖 Arier les mainnent 𝔐; plus c'uns are ne traissist 𝔇𝔉𝔍𝔐𝔒𝔖. — 44—49 *fehlen* 𝔇𝔉𝔍𝔐𝔒𝔖. — 50 Gerbers apele (saisist 𝔒) Hernaut lou Poitevin 𝔇𝔉𝔍𝔐𝔒𝔖. — 51 Vien t'en cosine (biax nies 𝔉𝔍𝔐) 𝔇[121b]𝔉𝔍𝔐 Si... 𝔒 Vien ent amis 𝔖; pour deu qui ne menti 𝔇𝔉𝔍𝔐𝔖 ... cosin 𝔒; *folgt*: Por amor diu qui onques ne menti 𝔒. — 52 Veez la gent 𝔐; Fromont le posteis (poestis 𝔒𝔖) 𝔇𝔉𝔍𝔐𝔒𝔖. — 53 *fehlt* 𝔇𝔉 𝔍𝔐𝔒𝔖. — 54 Il 𝔇𝔉𝔍𝔐𝔒𝔖; gent 𝔐; et nos sommes (l'avons 𝔖) 𝔇𝔉𝔍𝔖 .i avons 𝔒. — 55 *fehlt* 𝔇𝔉𝔍𝔐𝔖 Car trop poi.....a ci 𝔒. — 56 = 𝔒 *fehlt* 𝔖 S'a nos s'asamblent gries (grans 𝔐) est (iert 𝔉𝔍𝔐) 𝔇𝔉𝔍𝔐; perdeis 𝔐. — 57 . dit (dist 𝔍𝔐(152a)𝔒𝔖) Hernaus Girbers 𝔇𝔉𝔍𝔐𝔒𝔖; ke as tu dit 𝔖. — 58 L'en (on 𝔍𝔐𝔒𝔖) vous soloit (sout 𝔐(!)) tenir au plus (a si 𝔖) hardi 𝔇𝔉𝔍𝔐𝔒𝔖. — 59 *fehlt* 𝔇𝔉 𝔍𝔐𝔒𝔖. — 60 Et a (au 𝔒) seignor et (deu 𝔉 a 𝔍𝔐 au 𝔒) chief de nostre lin 𝔇𝔉 𝔍𝔐𝔒𝔖. — 61 Or nous feront la gent 𝔐 Et vous voles devant 𝔖; Fromont 𝔇𝔉𝔍 𝔐𝔒𝔖. — 62 *fehlt* 𝔇𝔉𝔍𝔐𝔒𝔖. — 63 Si lou veoient 𝔇𝔉𝔍𝔐𝔒𝔖. — 64 ... aient 𝔇𝔉

Jamais n'iert jors* q'il ne vos 7164 eure
    tiengnent vil.
Frans chevaliers, car les alons ferir‹
L'escu enbrace, si le* joinst à son pis, 66 l'a
Enmi la presse les cort du brant 67 recourt par grant air
    ferir*:
Trois chevaliers lor a* par terre mis, 68 ont
Les deus navrés et li tiers fu ocis.
François requièrent* qi fuient à** 70 *retournent ** molt
    envis,
Et Beneois apela Guielin:
»Vien-t'ent, biaus frere, por Dieu 72
    qi ne menti.
Tu nos vels metre à mort* et à escil: 73 [95c] doel
Vesci François qi vienent à estris;
De nos ocirre sont forment aati.
— Diex! dist Guios, Beneoit, c'as- 76 li enfes frere c'aves vous
    tu* dit?
Je voi as elx nos morteus anemis,
Qui ont ocis nostre* pere Gerin 78 vostre
Et no* chier oncle Berron au cuer 79 mon
    hardi.
Ahi, Ogier! jà vos amoit-il si!
Ces qi l'ocirrent voi à mes elx venir; 81
Où les querrai, quant trové les ai chi?
Franc chevalier, car les alons ferir.‹
Enmi le priesse les cort del brant 84 *fehlt*
    ferir.
Ogiers le voit*, plore des elx du** vis; 85 *l'oi ** de son
Sus* Broiefort s'estent par tel aïr 86 Sor

J[151c] ne vous eussent 𝔐 ne nos tengnent plus O ke ne nos aient S. — 65 *fehlt* DFJMOS. — 66 Lou destrier broche DFJMO Le cheval point S; l'escu joint (tint 𝔐 met S) a (sor FS) son (le S) piz DFJMOS. — 67 = DFJO le (les S) va 𝔐S. — 68 lor abati iqui (enqui 𝔐O) DFJMO lor abat malbailli S. — 69 = DFJ Li .ij. sunt mort 𝔐; est malmis 𝔐 a ocis OS. — 70 *fehlt* 𝔐 Chil recourerent DFJOS. — 71 Gerins (Girbers 𝔐) apele Hernaut lou Poitevin DFJMOS. — 72 = DFJMO .. Hernaut S. — 73 = 𝔐OS en .. en DFJ. — 74 Voi ci la gent DFJMO Vois le maisnie S; Fromont lou postei (poestif OS) DFJMOS. — 75 *fehlt* DFJMS; in O ersetzt durch: Tant en j vient covert sunt li larris; Se plus i sommes a la mort somes mis. — 76 . dit (dist JOS) Hernaus DFJOS Qu'es ce Girbers 𝔐; Gerins qu'avez vous dit DFJ fait il qu'avez vous dit 𝔐 qu'avez vos dit Gerin O ke as tu dit Gerins S. — 77 mes mortex D FJMO[121c]S. — 78 Qui m'ont (ont 𝔐) mon pere DFJM Qui mon chier pere OS; et mon oncle murtri DFJM et mon oncle ont ocis (mourdri S) OS. — 79—81 *fehlen* DFJMOS. — 82 = OS[97a] quant les ai trovez ci DFJM. — 83 = DFJOS car i alons 𝔐. — 84 *fehlt* DFJMOS. — 85 Gerbers l'entent (l'oi

Sor les* estriés, le fer en fist croissir.** 7187 *Que des **en estendi
Jà asanllast quant Beneois l'a* saisi: 88 les a
»Sire, dist-il, volés-vos estre ocis?
Se asanllons, jà n'en ira piés* vis. 90 uns
Vesci Kallon le roi de St. Denis,
L'orguel de France et tos les plus 92
    eslis,
— Malvais, dist Guis, ses* alons 93 *si les **ferir
    envaïr !**
— Vair, dist Beneois, cis glous nos 94 trais
    a tos pris*.
Tenti sa brace, si l'est alés saisir, 95 *fehlt*
Par maltalent l'atrait* arière si, 96 le trais
Che c'ot* devant fait arière** venir; 97 *que **d. au deriere
Derier le cache li bons vassals Davis,
Jaides et Ponches et lor peres Tierris, 99
Et tot li autre se sont arrière mis,
Por aus desfendre et Guion 7201 detenir
    garandir*:
De cest besoing partent* l'enfant 2 Dou grant estour departent
    ensi:
Entre aus l'enmainent à la loi* 3 a loi
    d'ome pris.
François l'encauchent, grans fu li 4
    pogneïs;
Dusques les* bares les ont à force mis, 5 es
Entre les lices et le pont torneïs.
Une eve rade descendoit par enki; 7
D'une seule arce estoit li pons bastis.

𝔐) a poi n'anrage (n'esrage 𝔐𝔖) vis 𝔇𝔉𝔍𝔐𝔒𝔖. — 86—94 *in* 𝔇𝔉𝔍𝔐𝔒𝔖 *ersetzt
durch:* Tanrement plore des biaus iauz de son vis (quant la parole oi 𝔒 ne s'en
pot astenir 𝔖); De ce que dist Hernaus li Poitevins (*nur in* 𝔐); Voir dist Gerins
(Certes dist il 𝔐) cist gloz nos a toz pris (a assis 𝔐). — 95 sa. cort (a 𝔐) Her-
naut saisir (saisi 𝔐) 𝔇𝔉𝔍𝔐𝔒𝔖. -- 96 = 𝔇𝔉𝔍 trast 𝔒𝔖; li 𝔐. — 97 Que
ce devant 𝔇𝔉𝔍 Que devant lui 𝔐; a feit darrier. 𝔉𝔍𝔇 l'a fait arrier. 𝔐 fist..
𝔒 li fist derier. 𝔖. — 98 = 𝔇[121c]𝔉𝔍𝔒𝔖 . l'enchauce 𝔐. — 99 = 𝔇𝔉𝔍𝔐𝔒𝔖.
— 200 Et Loherenc .. derrieres 𝔇𝔉𝔍𝔐𝔒𝔖. — 1 et Hernaut 𝔇𝔉𝔍𝔐𝔒𝔖. — 2 se
departent 𝔐[152b] . Hernaut 𝔇𝔉𝔍𝔒𝔖. — 3 = 𝔒 Arier.. 𝔐 Tout enmi yaus 𝔖;
a guise 𝔇𝔉𝔍𝔐𝔖. — 4 *fehlt* 𝔒 Bordelois chacent Loherens ont (sunt 𝔐) foi 𝔇𝔉
𝔍𝔐𝔖. — 5 Tuit desconfit 𝔇𝔉𝔖 Desconfit vienent (vinrent 𝔒) 𝔉𝔒 Au pont an
vinrent 𝔐; vinrent au pont la[v]is 𝔇𝔉 a lour pont levis 𝔉 ausi con des-
confit 𝔐 tot droit a roulleis 𝔒 desk'au pont tourneis 𝔖. — 6 Entre la barre
𝔇𝔉𝔍𝔐𝔒𝔖 ot .. leveis 𝔖. — 7 = 𝔒 Une aige vint 𝔐; i descent par un ri [iqui
𝔉 enki 𝔖) 𝔇𝔉𝔍[151d]𝔖 qui descent par conduit 𝔐. — 8 = 𝔇𝔍𝔐𝔒𝔖 D'un
sol archel 𝔉.

II.
Das Lothringer-Bruchstück Z^5.

Text des Troyer Bruchstück Z^5 = R. St. I. 494,11 — 500 Z. 11. Zu Spalte *bcd* gebe ich die Varianten von 𝔄𝔅ℭ𝔈𝔉𝔊𝔍𝔐𝔒𝔓𝔔𝔖𝔛. [In Hs. 𝔇 fehlt die Stelle und in 𝔑𝔗 weicht sie völlig ab.] (Vgl. meine Dissert. S. 7 Anm. 1). Spalte *a* ist arg verstümmelt.

Sp. *a*: 1 Ne douties nul homme qu*i* fust vis — 2 {L]as moi dolant or som[es de]pa[rti] — 3 [T]ot maïte[na]nt l'ont fet ens[evelir] — 4 [En u]ne biere ens el mo[stier] ges[ir] — 5 Clers et prov[oi]res i ot [LX iqui] — 6 N'i ot celui son saut[ier n]i teni[st] — 7 [Et prie] deu qu*e* de lui ait merci — 8 [A l'endema]in ains que passast [midi] — 9 [L']ont ent[err]e au mostier St. Sevrin — 10 Ainz qu'*il* ve[niss]ent ariere au Placeis — 11 [L]or a Riga*u*s .uj. chevalier*s* ocis — 12 [C]osins germains From*ont* le posteis — 13 [L']uns fu de Troies et l'autres [d]e P[aris] — 14 [Et] l'autres fu dou chastel de Cres[pi] — 15 [Or] fu dolans Rigaus et ci marris — 16 [Morant] regrete *com* ja porrez oir . . . . .

Sp. *b*: 1 De toutez pars dezcroissent *nostre* ami = 𝔄𝔅ℭ𝔉𝔊𝔍𝔒𝔔 Del tot en tot 𝔈𝔐; uostre 𝔐 no 𝔖 mi 𝔛. — 2 Las dist *Gerbers que* porrai devenir = 𝔄𝔅 ℭ𝔈𝔉𝔊𝔍𝔐𝔒𝔓𝔒𝔛 Dieus 𝔖. — 3 *Quant* n'ai chastel en icelui pais = 𝔄ℭ𝔉𝔊𝔍𝔔𝔖𝔛; Que 𝔅ℭ𝔊𝔐𝔒𝔓. — 4 *Par* cui je puisse greuer mez anemis = 𝔅ℭ𝔈𝔊𝔍𝔐𝔒𝔛; repuisse 𝔄𝔔 peusse 𝔓𝔖; amis 𝔉. — 5 Si auez li mez li respondi. Si . sire 𝔄𝔅ℭ𝔍𝔊𝔍𝔔𝔔𝔖 Si . voir 𝔈𝔐𝔓𝔛; li messagiers 𝔅ℭ𝔈𝔖 li messages 𝔄ℭ𝔉𝔍𝔐𝔒𝔓 𝔔𝔛; a dit 𝔄𝔅ℭ𝔈𝔉𝔊𝔍𝔐𝔒𝔓𝔔𝔖𝔛. — 6 Rigaus *vos* mande *et* ces peres Heruis = 𝔄𝔅ℭ𝔈𝔉𝔊𝔍𝔐𝔓𝔔𝔖𝔛; son pere Hervi 𝔒. — 7 Qu'il *vos* rendrōt cuite le Plasseis = 𝔄ℭ𝔉𝔊𝔓𝔔𝔖𝔛; Que 𝔅𝔐; rendroit 𝔍𝔒. — 8 Bien est garnis *et* de pain *et* de vin. — 9 De char salee por ch*evaliers* servir = 𝔄𝔅ℭ𝔈𝔉𝔐𝔒𝔓; chars salees 𝔍𝔒; a ch. 𝔖 por les cors sostenir 𝔊 p. ch.vu.xx 𝔛. — 10 Desqu'a .vij. ans ne *vos* enqu*ier* mentir Jusqu'a 𝔄ℭ𝔈𝔉𝔊𝔍𝔐𝔒𝔓𝔛 Dusqua 𝔒; ans *fehlt* 𝔈; sel volies tenir 𝔊 passez et acomplis 𝔛 ne vous enquier partir 𝔍; Bien .v.c. homes a .vij. sans acomplis 𝔅; *folgt ein Vers in* 𝔄ℭ𝔊𝔍𝔐𝔒𝔓𝔔 𝔖𝔛. — 11 Aurez viande malgrez en aiēt [il] = ℭ𝔈𝔉𝔊𝔍𝔐𝔒𝔓𝔔𝔖𝔛 *fehlt* 𝔅; vos anemis 𝔄. — 12 Dist la roine c'est chastiax *bien garnis*. cis (cist ℭ𝔍𝔒); est g. 𝔅ℭ𝔍𝔊𝔍𝔒𝔔𝔖 si a (l'a 𝔛) chastel garni 𝔈𝔐𝔓𝔛 bien ait qui la conquist 𝔄. — 13 En non deu dame li *dus Gerbers* [a] d[it] = ℭ𝔈𝔉𝔊𝔍𝔒𝔖𝔛; li quens 𝔔 li prous 𝔈 l'anfes 𝔐 li anfes 𝔓 Garins 𝔄. — 14 Grant pechie fuit l'enpererez [Pepins] *fehlt* 𝔉. — 15 Qu'il ne me rēt Gironville a tenir = 𝔄ℭ𝔊𝔍𝔓 *fehlt* 𝔉; Qui 𝔅𝔐𝔛 Que 𝔈 Quant 𝔒𝔖; ...tout 𝔒. — 16 Le bon chast*el* qu*e* mez ancestrez tint . . . . *fehlt* 𝔉.

Sp. *c*: 1 .j. esp*ervier* la roine tendi. — 2 Il fu molt biax *et* la dame l'a pris. Il fist . bien 𝔉𝔊; la roine 𝔄𝔅ℭ𝔈𝔉𝔊𝔍𝔐𝔒𝔓𝔔𝔛; le prist 𝔄𝔅ℭ𝔉𝔊𝔍𝔐𝔒𝔔𝔖𝔛. — 3 *Par* grant chierte desor son poïg l'a mis. le mist 𝔄𝔅ℭ𝔉𝔍𝔐𝔒𝔖 l'i mist 𝔊 l'acist 𝔈 𝔓𝔛. — 4 Devāt le roi la franche dame vīt = 𝔐𝔓; gentils 𝔄𝔊𝔒𝔔 gente 𝔅ℭ𝔉𝔖; d. en vint 𝔅𝔍 empereris 𝔈; . . . tot maintenant an vint 𝔛; *folgt in* 𝔈 *ein Vers*. — 5 Li rois la voit a raisson l'en [a] mis = 𝔅𝔍𝔒; vit 𝔈𝔐; si l'a a raison mis ℭ𝔉𝔊𝔒𝔐𝔓𝔔𝔖𝔛 tot maintenant li dist 𝔄. — 6 Cil espervier*s* madame ou fu il pris = 𝔄𝔅 Cest 𝔈 Cist 𝔉𝔊𝔍𝔒; fait il 𝔉𝔊𝔔𝔖 dame ℭ𝔈𝔍𝔐𝔒𝔓𝔛. — 7 Sire fait ele ne *vos* en quier mētir = 𝔅ℭ𝔊𝔍𝔔𝔖; dist 𝔄ℭ𝔉𝔐𝔓𝔛. — 8 H*er*naus mes nies mes drus *et* mes amis = 𝔅ℭ𝔊𝔍𝔔𝔖 Girbers 𝔈𝔓𝔛; mes cuers et 𝔄; cosins 𝔉𝔐. —

9 Le m'aporta la soie grans mercis = 𝔅𝕰𝔉𝖀𝔍𝕺𝕯𝕼𝕾 me donnai (dona 𝔄) 𝔄𝕰𝔐𝔓𝕾.
— 10 [O]r le prenes empererez gentis. — 11 *Par grant* amor le faites recoillir
fehlt 𝕰𝔍𝔐𝕺𝔅𝕾. — 12 Molt dites bien dame se dist Pepins = 𝔄𝔅𝕰𝔉𝖀𝔍𝔐𝕺𝕾 se
dit li rois 𝔓𝕰𝕾 dame li rois a dit 𝔓. — 13 *Qui* lle refuse ne doit *terre* tenir….
= 𝔄 Qui 𝔅𝕰𝕰𝔉𝖀𝔍𝔐𝕺𝔓𝕾𝕾; ce 𝔍𝕺𝕾; terre ne doit t. 𝕺.

Sp. *d*: 1 Molt volon*tiers* dame se dit Pepin = 𝔄𝔅𝕰𝕰𝖀𝕯𝕾; certes 𝔉𝔍𝔐
𝔓𝕺 ce dist li rois P. 𝕾. — 2 Devăt lui garde si vit Gerart [venir] = 𝕰; et v.
𝕺𝕾; voit 𝔄𝔅𝕰𝔉𝖀𝔍𝔐𝕺𝔓𝕺𝕾 a 𝕾; Garnier 𝖀: Gerart coisi 𝕾. — 3 .j. chev*alier*
qui fu nez de Senlis = 𝔄𝔅𝕰𝔍𝕺𝕯𝕾 *fehlt* 𝖀; Paris 𝕰 Saint-Liz 𝔐𝔓𝕾. — 4 *Et*
dist li rois venez avāt amis = 𝔄𝔅𝕺 Se (Et 𝕰𝖀) dit (dist 𝔍𝕺𝕾) 𝕰𝕰𝔉𝖀𝔍𝔐𝔓𝕺𝕾
Li rois li dist 𝕾. — 5 *Vos* en ires a Bordeles l[a] cit. m'en 𝔄𝔅𝕰𝕺𝕺 ; Bordele
𝔄𝔅𝕰𝕰𝔉𝖀𝔍𝔐𝕺𝔓𝕰𝕾. — 6 Ditez *Fromont* de Lens le posteis = 𝔅𝕰𝔉𝖀𝔍𝔐𝔓𝕾; li
poostiz 𝕺𝕾 le poestif 𝕺; Si me direz Fromont le posteif 𝔄. — 7 *Que* jel s[e]mo
de droit en m𝕺 pais = 𝔄𝔅𝔉𝖀𝔍𝕺𝕯𝕾 Je le 𝕰𝔐𝔓𝕾; tot droit 𝕰. — 8 Viene a
Paris ou a Loo[n la cit]. Vigne 𝕾 Si vaigne 𝔄 Vuelle [Veille] 𝔅𝕰𝔉𝖀𝔍𝔐𝕺𝕯𝕾
Vuet 𝕰𝔓; a moi 𝔄 a Estampes 𝔅𝕰𝕰𝔍𝔐𝕺𝔓𝕾 a Biauvais 𝔉𝖀𝕯𝕾; a la cit 𝔄 ou c'il
(il 𝔓) vuet (vuelle 𝔐) 𝕰𝔐𝔓𝕾; de 𝔄; Paris 𝔄𝕰𝔐𝔓𝕾; *folgt eine Zeile in* 𝔅𝕰𝔉𝖀𝔍
𝔐𝕺𝔓𝕺𝕾; *drei Zeilen in* 𝔄. — 9 C'il le refuse *et* il n'i voelt venir = 𝔄𝔅𝕰𝕰𝔐𝕺𝔅
Qu'il 𝔉𝕾 Et 𝕾; ce 𝔍 sil 𝕾; qu'il ni 𝕺𝕾 ne 𝕰; voille 𝔉𝕺𝕾𝕾. — 10 Desfiez le
m*a*iten*a*[t] de *par* mi = 𝖀 tot maintenant iqui (enqui 𝔅 de mi 𝔄) 𝔄𝔅𝕰𝕰𝔍𝔐𝕺𝔓𝕺𝕾𝕾;
Tot maintenant le defiez iqui 𝔍. — 11 *Et* si li ditez tot voiant cez amis = 𝔄𝕰𝔍
Se li diroiz 𝔍; voiant tot 𝔅𝕰 oiant tot 𝕲𝕺𝔓𝕾 oiant tous 𝕾 et lui et ses a. 𝕺
maintenant voiant cez amis 𝔐. — 12 G'irai sor eus *por* lor *terres* saissir = 𝔍; a
𝕰𝕾; lui 𝕰𝔐𝔓𝕾; la 𝔅𝔍𝔐𝕺 sa 𝕰𝔓𝕾𝕾; terre 𝔄𝔅𝕰𝕰𝕰𝔍𝔐𝕺𝔓𝕾𝕾; laidir 𝕰𝕺.
13 [Ne l]e garra trestot ors *que* dex fist. les 𝔅𝕰𝔍𝕺𝕺 li 𝕰𝖀𝕾 lor 𝔉𝔐; lairai 𝕰𝔐
𝔓𝕾; donjons 𝔄𝔅𝕰𝔉𝖀𝔍𝕺𝕯𝕾 donjon 𝕰𝔐𝔓𝕾; ne roilleis 𝔄𝔅𝕰𝕰𝔉𝔍𝔐𝕺𝔓𝕰𝕾 ne plais-
seiz 𝕰𝕺; *folgt ein Vers in* 𝕰𝔉𝕰𝕺𝕺. — 14 *Que* je nes face de male mort mori[r]
= 𝔅𝕰𝔉𝕺𝔍𝕺; ne le 𝔄 je ne 𝕰𝔐𝔓𝕺𝕾 je nel 𝕾; tot a terre flatir (chair 𝔐𝔓) 𝕰
𝔐𝔓𝕾. — 15 Dist Gerars sire il lor sera bien dit. Et dist Gerars 𝔄𝕰𝕰𝔐𝔓𝕾 Re-
spont Gerars 𝔅𝕰𝔉𝔍𝕺 Gerars respont 𝕺; il li 𝕰𝕰𝔐𝔓𝕾 si lor 𝕺; molt bien lor
sera dit 𝔍 tres bien (trestout) li sera dit 𝕺𝕾. — 16 Nel laisseroie *por* tot lor q*ue*
dex fis[t] *fehlt* 𝔍; N'en mentiroie 𝔄𝔅𝕰𝕰𝕰𝔍𝔐𝕺𝔓𝕺𝕾𝕾.

Nachträge.

Zu Abschn. 96: Neben häufigen isolierten Lesarten, die Hs. F mit DS gemeinsam hat (vgl. Vietor l.c. § 6 S. 24), bietet sie auch eine grosse Anzahl mit auf × (bes. auf λ) beruhenden Hss. Mit ABCD hat F nur einzelne gemeinschaftliche Varianten, die jedoch keinen Schluss auf eine nähere Verwandtschaft von F mit den bessern Hss. gestatten (vgl. Vietor Anl. IX. 78 S. 103). Es muss daher für F, wie für D (vgl. Vietor, Nachträge und Verbesserungen S. 133), die Mitbenutzung der Vorlage von D₄FB (λ) in Anspruch genommen werden, worauf auch Herr Prof. Vietor (§ 5, Anm., S. 23) schon hingewiesen hat. Für diese Annahme sprechen, ausser der § 5 Abschn. 96 angeführten Stelle, folgende Belege: Vietor, Anl. V (S. 61): 27,1). 39. 43. 61. 70. 71. 73. 81. 82. 88. 89. 154. 168. 186. 190. 194,3. Anl. VI (S. 68): f° 1: 7. 8. 12,1). 19. 27. 31. 35. 36. 49. 50; f° 2: 13. 15. 20. 26. 33. 35. 39. 64. 67. Anl. VII (S. 82): 20442. 44. 46. 47. 48. 51,1), 52,1). 65. 67. 72. 72,1). 73. 78. 87. 88. 90. 20503. 4. 6. 10. 13. Anl. VIII (S. 89): 9. 12, 22, 23. 26. 33. 53. 54. 55. 60. 71. 73. 74. 75. 80. 87. 88,1). 102. 120. 130. 131. 132. 144. 148. 150. 159. 160. 170. 190. 192. 193. Anl. IX (S. 103): 13. 19. 28. 32. 35. 57. 59. 74. 77. 94. 96. 97. 108. 111. 115.